AF235365

Die kleine DÜDIN 2

Franz Peter Waritsch

Die kleine

DÜDIN 2

Wortwörtliches Deutsch

Von A bis Ü

Erweiterte Neuausgabe

Franz Peter Waritsch

Copyright © 2022 Franz Peter Waritsch

Alle Rechte vorbehalten. Das Werk darf - auch teilweise - nur mit Genehmigung
des Verlages wiedergegeben werden.

Herstellung und Verlag: BoD – Books on Demand,
Norderstedt

Coverdesign und Foto: Urs Gautschi

ISBN   978-3-75685-893-4

Prolog

Gestern haben sich alle Wörter getroffen,
um abzumachen, wie alles neu zu verteilen sei.
Das machen sie immer wenn ein Komet
am Himmel erscheint.
Und als jedem das seine zugbeschieden war, hat das
jüngste Wörtchen sich nicht halten können und das
Wort ergriffen: „Ich finde, wir sollten unser
Geheimnis den Menschen endlich verraten."
Da wurde es ganz still.
Das älteste unter den Wörtern trat hervor und sagte:
„Wer sich dem Worte weiht, soll es erfahren."
Da erwiderte das jüngste Wort: „Genügt es nicht,
sich einfach in uns zu verlieben?"
Alle nickten zustimmend und es war
beschlossene Sache.

Seit gestern haben wir deshalb eine neue Welt.

Liebe Leserin, lieber Leser,

Ich möchte mich gleich zu Beginn vorstellen:
Ich bin die kleine Düdin. Wie ich zu diesem Namen gekommen bin? Nun, das ist eigentlich ganz natürlich, weil ich von der Dudenfamilie abstamme. Mein Großonkel war nämlich der bekannte Herr Konrad Duden. Er lebt ja nicht mehr so richtig wie andere Menschen. Doch steht er in fast jedem Bücherregal.
Und genau das habe ich immer bewundert und oft gedacht: „Das möchte ich auch mal." Aber ich hab mich auch gefragt, warum denn die Leute immer zuerst so alt werden müssen, um berühmt zu werden und in allen Regalen zu stehen. Und da kam mir die Idee, dass ich ja zuerst in Pension gehen kann, um mein eigenes Buch schreiben zu können. Und wenn ich dann später mal älter bin, dann kann ich ja dann arbeiten gehen.

Da habe ich den Großonkel heimlich vom Regal genommen und angefangen, in meinem kleinen Zimmer darin zu lesen. Lesen konnte ich noch nicht, aber ich tat so, als ob ich's könnte. Ich wußte, dass das alles Wörter waren. Und einmal, spät in der Nacht, als ich mit meiner Taschenlampe unter der Bettdecke im Großonkel blätterte, hörte ich da auf einmal die Wörter reden. Sie waren traurig, weil sie niemand verstehen wollte, sagten sie zu mir.
„Wir wollen nicht mehr bloß eingeteilt und zurecht gerichtet im Wörterbuch stehen. Wir wollen tanzen und lachen und fröhlich sein!" Von da an trafen wir uns jeden Tag und jedes Wort erzählte mir seine Geschichte. Seitdem bin ich immer glücklich, wenn ich mich mit den Wörtern treffe und Späße mache. Mehr und mehr lernte ich verstehen, dass die Wörter alle Geheimnisse kennen und uns Menschen helfen wollen.

Wie dann alles weitergegangen ist? Ja, das ist eine lange Geschichte.

Ich habe mich nämlich ins Wort verliebt.
Wir sind nun in dieselbe Wohnung gezogen.
Haben uns gegenseitig entdeckt.
Auch die wilden Seiten. Probieren's nun.
Und nächstes Jahr wollen wir uns verloben.
Auf hoher See - haben wir verabredet.
Unter freiem Himmel.
Und dann werde ich dem Wort mein Wort geben.
Und hoffen, dass mich das Wort beim Wort nimmt.
Und wenn wir mal verheiratet sind, das Wort und ich, dann geht's erst richtig los. Dann nämlich wird Schluss gemacht mit allem bloßen Gerede von den Dingen und über die Dinge. Dann werden die Dinge selber anfangen von sich zu erzählen. Und das Wort hat den Anfang gemacht. Es hat mir schon seine lange Geschichte erzählt. Nicht nur, dass es von Urbeginn an war und bei Gott war. Alles hat es mir anvertraut. Wie es sich entschlossen hat, zu den Menschen zu gehen. Wie es dem Menschen die Sprache versprochen und schließlich die Zunge gelöst hat.

Doch wie überrascht war ich zu hören, dass es gar nie einen Anfang gegeben hat und auch nie zu einem Ende kommen wird. Alle, die das hören, werden sicher bass erstaunt sein. Und zum Schluss hat mir das Wort noch zugeflüstert:

„Die Welt ist uneingeschränkt, weil ich es bin."

Herzlich willkommen

Eure kleine Düdin

A

Abfall

Was fällt ab? Und eben auch wieviel.
Oder fällt jemand ab? Etwa sogar viele?
Das Fallen ist es nicht. Die Ursache!
Fallen ohne Grund wäre freier Fall.
Nicht grundlos. Gründlich.
Zurück zum Fall Abfall, dem Lösen
von der Masse, die vereint hält.
Vor dem Abfall kann alles noch
unentschieden sein. Ob gefallen
wird oder nicht. Da klammert sich
einer vielleicht krampfhaft dran,
muss dann aber doch ab.

Seit einiger Zeit gibt es nun eine Stadt ohne Abfall.
Sagen wir der Deutlichkeit halber eine Großstadt.
Keine Säcke, keine Haufen, schon gar keine Berge.
Alles wird aufgegessen, zerbraucht, bis zum letzten.
Überall rein. Nichts liegt rum. Nicht die Spur.
Alles in ständigem Prozess. Die geringste Tendenz
wird abgefangen. Es ist vorgesorgt. Schachteln gibt es
nicht. Den Inhalt bekommt man direkt. Niemand packt
aus. Alles fliesst in völliger Offenheit.
Neuartige Brunnen sprudeln alles was vonnöten ist.
Es herrscht Überfluss.
Das Nichtempfangene strömt weiter.
Das erste Stadtmotto:
Kein Verbrauch - nur genießen.
Nichts zieht Spuren nach sich. Reine Freude.
Die Vergangenheit löst sich sofort auf. Die totale
Gegenwart herrscht.

Man fühlt sich an der Quelle. Jeder freut sich. Ohne Unterlass.

Motto Nummer zwei: *Maß in allem.*

Ausscheidung wird direkt ins Leben übergeführt. Fällt auch nicht raus aus dem Ganzen. Reine Düfte sind die Folge. Das Wort stinken ist aus dem Lexikon rausgenommen.

Von Gestank, Schmutz, alten Krusten oder dergleichen wird nur noch von den Alten im Märchen erzählt.

Wo Leute Sachen weggeschmissen haben. Und daran erstickt sind.

Und wieso's gerade die Stadt geschafft hat?

Nun, auch das ist belegt. Der Bürgermeister hat nicht mehr den Abfall versorgen lassen sondern alles für Abfall erklärt.

Da war eine große Verwirrung, zunächst.

Niemand wusste wohin mit dem Abfall.

Allmählich hat niemand mehr unterscheiden können, was denn nun Abfall war und was nicht.

Da war das Problem plötzlich nicht mehr da. Und dann kam die Freiheit.

Jeder dachte nach und erfand das Neue: das Ohne.

Nun heißt die Großstadt *Ohnehin.*

Dorthin will nun jeder ziehen, um sein Glück zu finden.

Viele bleiben aber in den Vororten hängen. Dort muss man sich nämlich waschen lassen. Niemand kommt ungewaschen davon.

Gewaschen und gereinigt wird da Tag und Nacht, bis in den Unterkörper rein.

Dem Körper von dem normalerweise nichts gewusst wird. Dort wo die Seele herrscht.

Glaubt mir, ich habe sie gesehen, die Stadt Ohnehin.

Dorthin werden wir ziehen. Und wohnen, und leben.

Und glücklich sein.

Ohnehin wird sie nie gefunden.

All

Zwei Geschwister trafen sich nach 10 Jahren wieder zum Frühstück in Berlin Görli.
„Warst du im All?" fragte Emma musternd. *„Wieso"*, erstaunte sich Hannah. *„Scheinst viel jünger anstatt älter?"* erklärt Emma.
„Na ja, habe recht gut geschlafen beim Rückflug", legt Hannah zu.

Wer ist Hannah?
Hannah ist blühend. Keine Falte mit 55. Glanz im Haar und den Zähnen. Steinreich. Warmer Händedruck, lächelnd übers ganze Gesicht. Hannah macht sich keine unnötigen Gedanken. Lässt los, praktisch immer.

Wer ist Emma?
Emma, die Jüngere von beiden, etwas müde, etwas mürbe, etwas kleiner als auch schon, etwas abgekapselt. Emmas Gedanken bleiben gerne stecken. Immer an der Grenze – fällt dann und wann ins Loch.

Hannah im All ? Die Geschwister weiter im Gespräch. Emma will Kaffee und Croissant bestellen, Hannah besteht auf Schwarzbrot.

Im All gab es immer Alles. Genau genommen ist gar nichts gerade wieder alles und umgekehrt. Muss nur gefunden oder rausgeschnappt werden.

Und was wissen wir vom All? Fast alles oder fast nichts, je nachdem.

Das Super Rechner Paar JUWELS und JURECA in Jülich hat berechnet, daß es 50 Millionen Galaxien gibt, vermutlich noch mehr, weil 20% unsichtbar seien. Das Paar schafft 1 Trillion Rechenoperationen pro Sekunde.

Aber Anfang 2022 hat ALMA zwei neue staubbedeckte Galaxien gefunden, 29 Milliarden Lichtjahre entfernt. Sozusagen draußen am Rande des Alls. Wie, das All hat Ränder? Wer's glaubt wird selig.

Zum Vergleich hier rechnen unsere Viertklässler doch auch schon bis zu 10 000. Nicht schlecht. Wer ALMA schon wieder sei? Ja, weiß jeder, das Superauge, wie gesagt, Radioteleskop mit 66 High Tech Antennen. Danke.

Zurück zu den Reisen ins All. Die müssen eingekapselt vorgenommen werden, weil der Mensch weder fliegen noch längere Zeit den Atem anhalten kann.

Für je nachdem 50 Millionen Dollar in einer Drachenbesatzung (Crew Dragon) pro Fahrt, Erdumrundung mit eingeschlossen. Wer pendelt kriegt Rabatt. Die armen Reichen werden elend zusammengedrückt in den Raketen. Augenblicke fürs Testament. Das Plastiksäckchen bereit im Schoß. Wer da aufs Klo muss, kann einpacken und nach Hause gehen.

Da ist Hannah nicht mit dabei. Ist ihr zu altmodisch. Sie ist weiter vorne, immer beim Neuesten mit dabei. Für Billionärinnen, hatte sie herausgefunden, die nachweislich alles auf unserem Planeten gesehen haben, werden jetzt als Reiseziel kleinere Schwarze Löcher angeboten. Bis jetzt noch unter der Hand, also im Schwarzhandel. Es wird gemunkelt, drei Erstreisende Damen seien nicht mehr herausgekommen, aus dem Loch. Quasi verschluckt.

Man beruhigt die Verwandten damit, daß es den Tod da nicht gäbe, sondern nur die unendlich verlängerte Zeit. Zeit und Raum hätten dort die Rollen vertauscht. Theoretiker streiten sich. Einstein hatte solche Vorahnungen, was ihm immer wieder schlaflose Nächte gekostet habe.
Auch von Verjüngung und irren Uhren ist die Rede.

Da kommt die Sensation.
In der Berliner Morgenpost steht, daß die erste schwarz Allreisende aus dem Black Hole M87 heil herausgekommen ist, blitzartig. Gesehen vom Allgegenwärtigen Infrarot Auge JWST. Hannah, so heißt die Gerettete, erzählt frisch und munter im Interview, sie hätte sich schwarze Materie aufs Pumpernickel gestrichen und es hätte überraschend lecker geschmeckt. Und schwuppdiwupp sei sie draußen im All gewesen, oder wieder drinnen. Das hätte sie nicht mehr unterscheiden können.

Sei ihr auch völlig wurscht. Und ja, noch was, sie hätte das schöne Gefühl gehabt, **eins** mit dem **All** zu sein. Allein. Echt ALLEIN ohne sich allein zu fühlen.
Das erste Mal in ihrem Leben. Dieses Gefühl sei allgegenwärtig, immer noch. Völlig harmonisch.
Übrigens war ja Hannah völlig schwarz direkt nach dem Rauswurf. Ohne Infrarotem James Webb Space Telescope wäre sie im All verloren gegangen.

Emma fragt weiter: „Schreibst du jetzt ein Buch?"
Hannah antwortet, das sei ihr zu langweilig. Doch, sagte sie, hätte ein gewisser Zewens oder so aus Kleve sofort angerufen und aufgeregt irgendwas von schwarzer Kunstbutter geäußert, und aufdringlich gefragt, wie ihr der Aufstrich aufs Schwarzbrot gelungen sei.
Ein Milliardengeschäft, meinte der, und vielleicht die Rettung des Westmenschen vor dem Horror des

drohenden Gas- und Inflationslochs, weil sich daraus billiges schwarzes Aufstrichfett, black butter, für die Ärmeren in unbegrenzten Mengen ergeben könnte. Weißgelbe Vier-Euro-Butter sei allemal schon der Ruin für den Alltag, hatte er gemeint.
Hannah hätte ihr Handy abgestellt, weil sie das blöd fand, sagte sie zu Emma.

Nun findet Hannah schwarze Löcher toll. Sie will eine neue All-Verjüngungscreme kreieren und überlegt ernsthaft in ein schwarzes Loch umzuziehen. Sie lockt es wirklich richtig allein zu sein, ohne sich allein fühlen zu müssen.
„Wenn es im Loch auch den All-Tag gibt", denkt Hannah, „und das Alleinsein zuviel wird, kann ich ja Urlaub auf der Erde machen, um das Gewimmel zu erleben."

B

Bayern

Das Land liegt unten.
Kein Norddeutscher würde sagen:
Bayern liegt da oben.
Also Bayern unten.
Der Bayer selbst spricht nicht so viel
von anderen da oben oder unten.
Bayern liegt zentral.
Die Pranke vorn bereit, wie der Löwe.
Nach hinten abgestützt an den Alpen, sprungbereit.
Bayern war immer zum großen Sprung bereit.
Bayern liegt wirklich zentral.
Deswegen gibt es keinen Grund von Verhältnissen
auszugehen.
Das Mass ist eingebaut, immanent. Wird, wenn
nachgefragt, freundlich mitgeteilt. Jedem.

Bei Unklarheiten in der Bayernfrage kann man sich
an Bayern-München wenden, was man in
Nordrhein Westfalen oder Mecklenburg Vorpommern
nicht kann.
Niemand kann sich bei Unklarheiten in der
Nordrhein Westfalenfrage an
Nordrhein Westfalen Düsseldorf wenden.

Der Bayer ist eben doppelt gefeit.
Und dadurch stärker.

Bein

Ein Bein. Kein Bein.

—— . ——

Mein Bein. Dein Bein.

—— . ——

Einige Beine. Einigende Beine.

—◡◡—◡.—◡◡◡—◡.

Vereinte Beine.

◡—◡—◡.

Ei, ein Bein! Beinlein.

—◡—.—◡.

(Das Ei hat kein Bein.
Weil ihm das B und das N fehlen.
Die beiden verstecken sich im Ei.)

Reine Beine. Feine Beine. Kleine Beine.

—◡—◡.—◡—◡.—◡—◡.

Sein Bein. Beinsein. Beisein.

◡—.——.——.

Ins Bein beißen. Beinbeißer.

◡——◡.——◡.

Beieinander sein. Beine ineinander.

———◡.—◡———◡.

Beinnahe Beinineinandersein.

——◡——◡—◡—.

Beim Ineinandersein.

————◡—.

Ganz Beisammensein.

—————.

Ben zi bena, bluat zi bluoda,
Lid zi geliden, sose lelimida sin!

Die Merseburger Beinzauberformel geht auf Wotan
zurück. Dr. Waitz hat sie dann im Domkapitelregal
gesichtet. Anno 1842.
Da waren sie mehr oder weniger 1000 Jahre ungelesen
gelegen. Jakob Grimm erkannte deren Wert.
Was bis jetzt unbekannt war, sind die hier erstmals
wiedergegebenen Vorübungen der Zauberer, das
Einstimmen durch das "Goukeln" im Worte,
wie man damals sagte.

Weitere Forschungen werden ergeben, dass Wotan und
Balder noch ganz andere Dinge im Sinne hatten, als sie
„reitend ins Gehölz fuhren".
Germanische Zaubereien waren verhohlener im
Ausdruck als etwa die Taten der griechischen Götter,
deren irdische Tummeleien weit und breit bekannt und
im Volk akzeptiert waren. Dieses Vertuscheln der
Liebesaffären der germanischen Götter führt ja dann
auch später zu den europäischen Verklemmungen mit
Kirche, Hexen und unnötigen Aufklärungen.

Solche Verdüsterungen hängen nach.

Bold

Bolden kann man begegnen.
Sie haben ungezügelte Eigenheiten.
Sie stellen Sachen an, tun Dinge,
die andere vermeiden.
Sie verbergen nicht, was sie antreibt.

Wenn ein Raufbold einem Saufbold begegnet,
kann es schlimm zugehen.
Raufbolde zielen aufs Raufen,
Saufbolde sind in den Getränken zu Hause.
Dem Lügenbold ist kaum beizukommen.
Das Gelogene ist immanent und wird von
diesem Bold selbst geglaubt.
Schwätzbolde zischeln viel Unverständliches
zwischen den Schulbänken.

Bolden kann man in die Hände fallen.
Da kommt man nicht ungeschoren davon.
Dem Bold behagt Erziehung nicht.

Im Schwedischen sagt man böld zu Geschwür.
Böld ist etwas Heilfähiges.
So müsste man auch mithin die Bolde
positiv aufnehmen. Sie sind vorübergehende Auswüchse,
denen durchaus beizukommen ist.
Nach der Entboldung ist der Betreffende meist wie ein
Lamm.
Wer will auch schon bewusst ein Bold sein!

Der Urbold ist der Kobold.
Er ist es, der alles anstellt.
Kobolde legen ihre Strategien aus dem Unsichtbaren.
Wenn es dann bemerkt wird, lässt es sich kaum aufhalten.
Dieser Koordinator und Koorporatör ist die Ursache.
Ko ist die schlechte Gewohnheit, das Entgleisnerische,
Ungezogene.

(Klo ist deshalb der Ort genannt worden,
an dem Unrat abgeschieden wird. Das L steht für das
Spülen.)

Nun gibt es aber einen Bold, der dem Kobold
ein Schnippchen schlagen kann: der Witzbold.
In ihm finden sich die Geistesblitze.

Solange die Bolde quasi verführt werden von
Raufern, Säufern und Lügnern, sind sie unfrei.
Hier sind wir Zeuge davon, wie Worte um ihre Freiheit
kämpfen müssen. Das Wort Bold ist noch nicht
erwachsen.
Noch unselbständig. Wird schlicht verführt.

In Zukunft werden Bolde sich befreien und behaupten.
Niemand wird mehr schief hinschauen. Man wird sie
sogar haben wollen.
In jedem Zimmer ein heiterer Bold, der nach dem
Rechten sieht, und hilfreich beisteht.
In Schulen wird jeder Lehrer und jede Lehrerin einen
oder einige Bolde haben, um den fälschlich sogenannten
schwachen Schülern das Lernen zu erleichtern.
Bolde werden sich auch vermehren, aus reiner Freude,
und überall putzen und säubern und gute Ordnung
schaffen.
Wer dann keinen Bold hat, wird im Leben schwerfällig
hinterher tappen.
Bolde wird man bei bei bol.de bestellen können.

Der freie Bold wird von vielen bewundert und seine
Geschichte den Kindern erzählt werden.
Wie er sich von den Fesseln und Intrigen freigemacht und
sich mutig seinen Weg zur Freiheit gebahnt hat.

C

Clemens

Clemens war Rauchfangkehrer.
Schwarz im Gesicht. Die Rußrute
über dem Rücken, auf dem Fahrrad,
von einer Gasse zur nächsten Gasse,
freundlich grüßend.
Zum Einlass gebeten, immer willkommen.
Von jedermann im Stillen bewundert.
Weil durch seine Hand, seinen Besen,
ccccccc ccccccc ccccccc ccccccc,
Die dunklen Reste ungefährlich wurden.

Nun ist Clemens Bürgermeister.
Da hat er Sitzungen und jeden Tag neue Leute
von der Stadt, die klagen. Ihm den Ruß ins
Rathaus legen.

Was denkt Clemens nun?
Über das Leben und seine Taten?
In der Kindheit hat er oft ein Feuer gemacht.
Im Hof und hinterm Hügel.
Und da hat ihm der Himmel gesagt,
dass die Hölle immer ganz nah dabei ist.
Und das hat der kleine Clemens in
seinem Eifer nie ganz mitgekriegt.

D

Depp

Eher männlich. Der Depp!
Die Deppin, hat man kaum je gehört.
Von Deppinnen schon gar nicht.
Was ist ein Depp denn nun?
Natürlich einer, der so benannt wird,
von einem anderen. Ob er, der Depp,
wirklich ein Depp ist, ist ja gar nicht ausgemacht.
Da kann sich auch was sehr Kluges verbergen,
Hinter dem Depp, wenn er nun wirklich ein Depp
wäre.

Deppen laufen wahrscheinlich überall herum,
unter Nichtdeppen. Dazwischen herrscht Abstoßung.
Kaum Verständigung zwischen Depp und Nichtdepp.
Wann jemand verdeppt, ist schwer nachzuvollziehen.
Auch ist die Vererbungsfrage völlig ungeklärt.
Der Vater Depp und der Sohn auch, also Deppen
im Geschlecht, wäre medizinisch.
Weder Depp noch Verdeppungsgrad sind klar definiert.
Man sollte sich daher in Acht nehmen, sich selber
oder einen Mitmenschen ins Deppenlicht zu stellen.

Mehrere Deppen wäre schon eine heiklere Frage.
Summarisch eine Gruppe mit "die sind ja Deppen"
als Deppen hinzustellen ist von vornherein
abzuweisen, weil dies nicht auf einer gründlichen
Untersuchung bauen kann.
Also Vorsicht mit den Deppen.

Der wirkliche Depp hingegen ist zu bedauern.
Weil er es nicht weiß.
Dies wäre auch zu deprimierend.

Die Behauptung "jeder hat einen Deppen in sich"
ist auch schwer nachvollziehbar.
Dass der Depp sozusagen so nahe sein könnte,
quasi unbemerkt, in uns drinnen hausen könnte,
kann aus verständlichen Gründen kaum verifiziert
werden.
Das würde im Klartext bedeuten, dass das Deppensein
eine verborgene Eigenschaft der Bevölkerung wäre.
Demgemäß würden ja die allermeisten unter uns
ihren Deppen ganz verstecken oder unterdrücken
oder nur in stillen Augenblicken für sich alleine
hervorkommen lassen.

Ich Depp! hat man andererseits ja immer wieder mal
jemanden spontan ausrufen gehört. Da wird's natürlich
offenkundig.
Dass es ganz natürlich ist, dass wir alle Deppen sind.
Dass es nur sonst nicht offenkundig wird, weil wir, die
Deppen, natürlich dann niemanden haben, der uns als
solche erkennt und benennt.

Denn ein Depp sagt nie zu einem anderen: Du Depp.

Die Devise

Hier ist sie, die Devise: Das Wort kommt zu Wort.
Das heißt ganz einfach, dem Wort das Wort erteilen.
Ich denke nämlich, das Wort will auch mal selbst zu
Wort kommen.
Zu diesem Zwecke schafft sich das Wort ein eigenes
Wörterbuch.
Und bedient sich dazu - nicht gescheiter Köpfe, nicht
einmal Poeten, nein.

Das neue Wörterbuch ist im Entstehen. Ist nie fertig.
Und was ist neu daran? Das eben ist das Geheimnis:
Wort und Begriff werden ein umgekehrtes Verhältnis
zueinander haben.
Das Wort wird sich die Begriffe suchen, mit ihnen
spielen, nicht umgekehrt. Auch wird man sich an reine
Wörter durchaus gewöhnen.
Wir haben ja Wörterbücher, haufenweise. In den
dicken Bänden und Bandreihen gehts immer um die
Bedeutung. Ums Festlegen.
Ums kurze Zusammenfassen. Um die Einteilung.
Um Einhaltung.

Hier handelt es sich um Unterhaltung.
Es geht einfach darum, sich mit Wörtern zu
unterhalten. Sie zu fragen, wies ihnen geht,
was sie so treiben, wie sie sich fühlen und was sie
besonders interessiert.
Und immer kommt da etwas Überraschendes dabei
heraus. Wörter beginnen ihre eigene Verantwortung zu
tragen, wollen erwachsen genommen werden.
Perfektion liegt ihnen nicht.

Die Methode: Lass die Worte ruhig ausreden. Gleich tanzen sie, schütteln enge Gürtel und Kleider ab und spielen und toben wie die kleinen Kinder.
Wähle sie kunterbunt, so wie sie dir in den Sinn kommen. Das Gehörte und Gesehene schreibst du auf und teilst es ungekürzt mit. Jedem.
Das neue Wortwerk hat auch schon einen Namen:
Die kleine Düdin.

Bislang hat der Duden die Szene beherrscht. Dem verehrten guten Konrad Duden, meinem Wahlonkel, hat das Orthographische imponiert.
Das Rechtgeschriebene. Alles am rechten Ort. Und dazu noch recht und gleich an allen Orten. Nichts sollte jemals wieder falsch geschrieben werden. Ein für allemal. Und von allen. Den Kleinen wie den Großen.

In Zukunft geht es aber um die Stimmung. Um Farben. Und um die Bilder.
Apropos Bilder. Der gepriesene Schriftsteller Peter Handke hat einmal den Bildverlust verkündet. Auf fast tausend Seiten. Ihm ist das Wichtigste abhandken gekommen. Das große Verliererwerk.
Warum wird der Baum morsch, schwindet seine Kraft? Weil er sein eigenes Bild verliert. Es entgleitet ihm. Sterbende Bäume sind Alarm in der Lebenswelt.
Leicht folgt darauf das Toben der Elemente. Der Flut folgt die Dürre, wie dem Rausch der Kater.
Alarm auch für alle Pädagogen: Wenn die Bilder vertrocknen, kommt Bildverlust.
Darauf folgen Leseverlust und Schreibverlust. Zum Schluss Lustverlust. Endstation Legasthenie.
Ohne Bild kann nicht recht geschrieben werden.
Und alles beginnt schief zu stehen. Da haben wir ein neues Pisa.

Wo ein Ende da ein Anfang. Nicht der Weisheit letzter Schluss. Ihr erster.

Hier wird der Bildgewinn verkündet.
Auf einhundertachtzehn Seiten.Wiedergewinn. Die
Wiederaufbereitung des Wortes. Wiedervereinigung.
Die kleine Düdin hält sich auch noch zum Alphabet.
Warum auch nicht. Meinem Onkel zuliebe. Dass er
sich nicht beleidigt fühlt.
Doch gilt hier nicht mehr: ein Mann ein Wort.
Sondern: Das Ewig Weibliche zieht uns hinan.
Die düdischen Worte fühlen sich frei. Sie haben mehr
Mut und Hingabe.
Das tut ihnen gut. Allzu sehr sind ihnen die Flügel
gestutzt worden.
Nun dürfen sie wieder beschwingt sein. Ausgelassen.
Unartig, um sich selbst und neue Arten zu entdecken.
Ihre Freiheit ist ihr Stil. Nicht aus dem Kopfe. Nicht
aus dem Buche. Aus der Phantasie.

Die erste Auswahl kam vor fast 20 Jahren.
Nun hältst du die zweite erweiterte Auflage in der
Hand. Gerade jetzt! Es will wachsen.

Alles ist Anregung. Reiz. Jeder solls versuchen. Jeder
soll sein eigenes Wörterbuch schreiben. Jeder soll
seinen Wortschatz schätzen und ausgraben lernen. Und
daraus erschafft sich wie von selbst unser aller neues
Wortbuch

DIE GROSSE DÜDIN.

Nimm Dir irgend ein Wort, das in Deinem Inneren sich
gerade aufhält oder rumort. Ein kurzes oder langes, ein
kleines Nebenwort oder ein höchst bedeutendes, das
spielt keine Rolle. Lass es ein bisschen austoben mit
seinen verwandten und befreundeten Wörtern. Gib ihm
vor allem Zeit. Tu es bitte nicht stressen.
Alles klingt vielleicht zuerst ein wenig verrückt. Doch
wirst Du bald schon das Gefühl dafür bekommen,
wenn das gewählte Wort aus Eigenem zu erzählen

beginnt. Das merkst Du dann, wenn Du selbst zu staunen beginnst. Schubse es nur an, sogleich fängt es an sich zu bewegen.

Denke um Himmels willen nicht an Goethe oder Schiller. Gerade nicht. Nein. Die beiden Herren waren sehr erwachsen. Worte wollen spielen, wie die Kinder, und dabei sich und die Welt entdecken. Kinder sind Geheimniskrämer des Lebens, wenn spielen dürfen.

Und jedes Wort birgt ein Geheimnis - das nur Du lüften kannst.

Das klingt ungewohnt, ist aber so.

Viel Glück!

Eure Düdin

Dreck

Wer will schon dreckig sein.
Sauberkeit gilt.
Etwas Dreck kann rasch beseitigt werden,
wenn der Dreck von außen kommt.
Im Dreck gestanden haben,
ist oft mit Sehnsucht nach dem Reinen verbunden.
Mitten im Dreck und weit und breit nur Dreck ist
vom Zustand her gesehen praktisch hoffnungslos.
Wer noch dazu vom Dreck übermannt wird,
braucht Hilfe. Von den Reinen.
Mit dem Dreck umzugehen kann als Kunst bezeichnet
werden. Ohne Dreck sind wir einsam.
Dreck verbindet uns.
Die Arbeit mit dem Dreck erschafft die rechten Probleme.
Sie zu bewältigen führt uns zusammen. In den
Gerichtssälen, beim Golfspielen, im Büro und im Bett.
Der schöne Dreck ermuntert streckenweise.

Dreck in der Seele rückt dann schon bedeutend näher.
Da wird er zur Begegnung. Eigener Dreck.
Dieser entsteht langsam, täglich, wie jeder andere Dreck
auch.
Wird rasch hinter die Ecke gestellt. Außer Sicht.
Nun hat der wachsende Dreck politisches Gewicht
bekommen. Quasi ein Ich.
Er muckt auf, hat eigene Auffassungen und will in die
Verfassung.
Mit dem Dreck muss in Zukunft gerechnet werden.
Zuerst wahrscheinlich aus der Opposition, dann wird er
die Regierung übernehmen. Die dreckigen Geschäfte
werden endlich demokratisch behandelt werden können.
Das wird die große Erleichterung bringen.
Weil der Dreck endlich gerecht verteilt werden kann.

Drecktatoren wird es daher in Zukunft nicht mehr geben.

E

Ehe

Ehe. Eh und je. Eher.
Ehedem. Eh nix.
Soweit die Silbe und ihre Verknüpfungen.

Ehe ist nun Nebenwort geworden. Die meisten
Sprachbenutzer glauben immer noch, dass Ehe
Hauptwort sei.
Es hat selbst die Entscheidung getroffen, das Wort.
War schon lange unzufrieden mit seiner angeborenen
Kürze.
Ein Hauchlaut und der Rest Wiederholung. Von vorne
wie von hinten.

Das verbale bleibt vorerst beim Alten:
Sie hat ihn geeht. Er sie auch.
Sie ist eingegangen, die Ehe.
Folglich kann auch geeht oder geehelicht werden.
Aber auch enteht.

Dass man eine Ehe schließt ist vielfach schon als ein
gänzlich unpassender Ausdruck für den Akt des
Anfangs empfunden worden. Wer will denn schon ab
oder zuschließen, wenn gerade geöffnet werden soll.
Von welchen Schlössern ist da eigentlich die Rede?
Luftschlösser?

Es wird nun nach einem neuen Wort gesucht. Neue
Zeiten, neue Wörter.
Ehe wird nur noch übergangsweise zur Verfügung
stehen und dann offiziell zurücktreten.
Die Ehre geben, jemandem. Wäre denkbar.
Da hätten wir zumindest ein r.

Und das Geben ist auch besser als fest umschlossene Burgen.
Habe die Ehre und ein Busserl aufs Wangerl tut's auch.

Eid

Die Eidechse hat ihrem Schöpfer geschworen,
dass sie immer starr und unbemerkt sitzt, doch stets bereit ist, rasch fortzueilen, wenn sie dazu gezwungen wird.

Der Eidamerkäse ist mit seinem Schöpfer hochheilig verschworen,
dass er immer und ewig seinen Geschmack unverändert beibehalten wird.
Sollte er je anders - wenn auch nur ein Düftel - schmecken, wird er unverzüglich umgetauft und muss zur Strafe Amerkäse heißen.

Die Eidgenossen haben sich bis heute ihrem Rütlischwur verschworen.
Sie sind so sehr auf ihn eingeschworen, dass sie durch diesen Schwur sich einzig und allein
mit sich selbst, nie aber mit anderen Fremden zusammenschließen werden.

Im Eid kann das Leben lagern ohne abzumagern.
Eide machen über Veränderungen erhaben, weil sie das Zeitliche segnen.
Wer sie bricht, muss in der Flucht leben.

Der Edamer hat nie einen Eid geschworen. Ist trotzdem geschützt.

Mimolette auf Baguette, das schmeckt.

Eng

Ong, ing, ang und ung haben es nie so weit gebracht wie eng.

Ding, dong ist eben nur Lautmalerei wie etwa piff, poff oder ähnliches.

Auch ang braucht Vorschub, etwa von b, r, f und anderen, die Sinn geben und die Anhänger in eine Richtung ziehen.

Eng ist selbständig.

Hat sich beachtenswert profiliert, trotz seiner Kürze und Unauffälligkeit.

Eng ist absolut kein sensationelles Wort. Wer liebt denn schon dieses Wort!

Dem Faust ist es zu eng in seinem Studierzimmer geworden. Dieser Beklemmung verdanken wir ein großes Werk der Weltliteratur. Hätte sich der Faust wohlgefühlt in seinem Forschungslabor, hätte er keine, ach, zweite Seele, in der Brust gefühlt und hätte auch nicht das Weite gesucht.

Also eng ist nicht einfach nur eng. Es kann auch Verben und Substantivieren.

Man kann in die Enge getrieben werden und der Weg kann sich durchaus verengen.

Dort wo es dann am engsten wird hat es sogar die Verbindung zur Angst, vertauscht sein e mit dem a. Verständlich, weil ja in der völligen Enge das e sich selbst zu eng wird und Entspannung sucht im a. Der Angstvolle rennt auch meistens in unbestimmter Richtung davon.

Die ing, ang, ong, ung Wörtlein sind im Chinesischen durchaus etablierte Erwachsene.

Da geht es allerdings mehr um das rasche Aneinanderreihen, das Miteinander, das Wir.

Im Deutschen muss jeder für sich alleine dastehen können, mit all seiner Bedeutung. Das Deutsch duldet kein Kuddelmuddel. Seine Einwohner auch nicht.

Eng hat es sehr weit gebracht.

Europa

Alle anderen beginnen mit A. Ein E-kontinent muss demnach Besonderheiten haben.
Es könnte dies zu tun haben mit dem Alter. Ob es sich etwa um einen alten Kontinent handelt? Und tatsächlich fällt beim näheren Hinsehen der Opa auf.
Opas sind zwei Generationen hintendrein. Das Opäische trägt andererseits die Lebensweisheit in sich. Opäische Völker sind alt und erfahren.
Europa hat aber da noch den Euro vorne dran. Der ist jung, ungestüm und unerfahren.
Der Euro und der Opa sind eine Gemeinschaft geworden, im O quasi verschmolzen.
Alt und jung gemeinsam.

Nun hat auch jeder Kontinent seinen Adam. Die neuesten Beinrestfunde, auf welchem Kontinent auch immer, sind meistens die ältesten, mithin noch viel älter als alle bisher gefundenen und - als wir je ahnen konnten. Aus den Urschädeln ist alles leicht abzulesen, wann die sapientia erstmals die Stirnform prägt.
Europa lag da weit hinten. Bis man in den Blaubeurischen Höhlen das weltälteste Kunstwerk fand:
Den Löwenmenschen. 29,6 cm hoch. 40 000 Jahre alt.
Wer das Kleine nicht ehrt, ist das Grosse nicht wert!
Man hat eine neue Spur. Bisher hat man in der Affenspur gesucht, jetzt ahnt man, dass der Mensch sich langsam aus dem Löwen und der Löwin

entwickelt hat. Dem Fund wurden zunächst beide Geschlechter zugeschrieben. Ein androgyner Löwenmensch. Der Forscherstreit ist diesbezüglich noch unentschieden.

Nun weiß man auch, warum Europa seinen Namen hat. Der Uropa war bislang in der Höhle verborgen. Und das Tollste: der uropäische Löwenmensch hat von vornherein künstlerische Prägung.

Europa ist demnach nicht nur alt sondern uralt. Zusammengefasst: Der Europäer ist uralt, jung und Künstler. Alles in einem.

In Zukunft wird Europa jedoch umbenannt werden. Die Kommission in Brüssel wird bis dahin nur noch aus weiblichen Kommissarinnen bestehen, so wie schon die Generalsekretärin.

Euroma wird sie heißen. Oma hat eine andere Funktion als Opa.

Omas haben eine größere Seele und vor allem Stimmung. Euroma wird der Kontinent der guten Stimmung sein. Omäische Eigenschaften werden erst allmählich entwickelt werden.

Das hat mit Größe und Weite, und vor allem mit den guten Worten zu tun.

Eine Uroma ist noch nicht gefunden.

Vermutlich verbirgt sie sich in einem uromäischen Märchen.

In der geheimnisvollen Kammer der Blaubeurischen Stadel-Höhle war noch zum Löwen gehöriger Krimskrams gefunden worden, was in sorgfältiger Klebearbeit schließlich den heute ausgestellten Löwenmenschen um 5 Millimeter wachsen ließ.

Wir danken Dir, lieber Opa von Europa. Wir wissen alle, dass du dir jetzt eine richtige Oma suchst.

Um Europa zu retten.

F

Fahrkarte

Am Schalter
- Entschuldigen Sie bitte. Ich möchte gerne eine komplette Fahrkarte mit allem drum und dran ins Ausland
- Ja, wohin denn ?
- Spielt keine Rolle.
- In Europa?
- Nein.
- Bulgarien, wäre doch was.
- Nein.
- Sie müssen sich schon etwas genauer ausdrücken.
- Ich möchte im Ausland herumreisen.
- Ohne Ziel?
- Ja.
- Sind Sie Deutscher?
- Nein.
- Pass?
- Ja, ausländisch.
- Also, sie sind Ausländer?
- Wenn Sie so wollen.
- Wollen Sie nach Hause?
- Nein, ich fühle mich hier relativ wohl.
- Warum wollen Sie im Ausland reisen, wenn ich mal fragen darf?
- Ich bin Künstler und möchte Eindrücke sammeln.
- Wie viel wollen Sie bezahlen?
- In Euro?
- Spielt keine Rolle.
Drängen von hinten aus der Schlange. Ungeduld.
- Wie lange wollen Sie reisen?
- Ein Jahr.

- So was gibts doch nicht!
- Ach so, entschuldigen Sie bitte. Inland oder Ausland spielt eigentlich nicht eine so große Rolle. Hm…Am liebsten beides.
- Sie können ja in der EU herumreisen. Mit dem EU-Trip Super-Sparpreis.
- Wie meinen Sie?
- Ja, wie gesagt, Europa ohne die, die noch draußen sind.
- Das scheint mir zu eingegrenzt.
- Die Bahn kennt keine Grenzen.
- Zuerst mal möchte ich nach Asien rüber.

Einer in der Schlange tobt und ruft:

- Schickt doch den Ausländer da vorne zur Information! Der blockiert ja alles. Ich muss nach Indolfingen.

Schalterbeamter öffnet die Luke und ruft laut zurück:

- Sie stehen in der falschen Schlange. Gehen Sie doch bitte gefälligst zur lokalen. Können Sie denn nicht lesen! Hier ist der internationale Fahrkartenschalter.

Der Ausländer Kunde tritt erschrocken zur Seite und geht unversehens rüber zum Würstel Stand.

Fass

Das Wort Fass kichert und erzählt eine kleine Geschichte:

Ein Lehrer war dick.
Die Schüler nannten ihn das Fass.
Eines Tages kam der besagte Lehrer
ins Klassenzimmer und sah ein gezeichnetes Fass
an der Tafel.
Er stutzte etwas und stellte dann in ruhigem Ton
folgende Frage an die Klasse.

- Welches ist der Unterschied zwischen mir und dem
  Fass?

...Schweigen...

- Ich will euch die Antwort sagen:
  Das Fass ist von Reifen umgeben, ich aber von
  Unreifen.

Die Schüler waren fassungslos.

Der Lehrer war schlagartig geschätzt und beliebt.
Von da an befassten sich die Schüler mit dem Stoff und
sahen vom Lehrerkörper ab. All das, weil der Lehrer
die Fassung nicht verloren hatte.

Flott

Im flott beherrscht das O die Szene. *Flett*, *flitt*, *flatt*
oder *flutt* gibt es nicht. Es könnte sie alle geben, wenn
nicht das O, als am Anfang das Wort noch war, das
ungeborene Urwörtchen *fltt* rasch in Besitz genommen
hätte. Diese Dominanz und Geistesgegenwart macht
flott flott: Kein Selbstlaut hat je so ausschließende
Eigenschaften an den Tag gelegt. Sie sind es, die
anziehen, Bewunderung schaffen.

An sich schon hat das O die Eigenschaft des: Ich bin's
und kein anderer.
Man denke an den Kork, der die Flasche sperrt. Erst
wenn er abtritt, kann der edle Inhalt fließend zu
Genuss gebracht werden. Und wer holt ihn nach oben,
den Korken? Der Ober.
Nun wissen wir, warum der Ober von Natur aus flott
ist. Er hat das O als Vorgesetzten.
Eber ist schon schwerfälliger, wild umherziehend,
schnüffelnd und stochernd.
Ein Eber könnte die Geschäfte des Obers niemals
übernehmen. Das hat alles seine Ordnung.
Aber stellt sich ständig und überall quer. Hat daher
auch keinen Schwung.

Wenn wir alle flott wie der Ober wären, könnten sich
die Probleme nicht so festsetzen. Nicht nur Mahlzeiten
würden stets von neuem verteilt werden. Ein flotter
Schaffner im Zug, eine flotte Steuerbeamtin, flotte
Lehrer, flotte Bischöfe und einen flotten Papst könnten
wir haben. Auch flotte kleine Babies, flotte
Schosshündchen und sogar den etwas flotteren
Kerkermeister. Flotte Begegnungen, flotte Ideen und
flottes Essen.
Flott in der Schule, im Bett und im Schlaf. Morgens
und abends, immer flott.

Wer da die Flottheit so ins Leben einbaut, der kann auch mal eine flotte Krankheit sich leisten, und sogar die ein oder andere flotte Operation über sich ergehen lassen und ist schließlich nach einem flotten Leben auch gefeit, einen flotten Tod zu sterben - zum Erstaunen aller Verwandten.

Jedes Wort trägt die Ursache seiner Wirkung in sich, deren Zusammenhang die Düdin aufdeckt. Dies ist der neueste Zweig der Sprachforschung. Es wird daher in Zukunft Professuren in der **Düdistik** geben. Männer werden nur Zutritt zu dieser Profession haben, wenn sie die Geschmeidigkeit der Seele nachweislich entwickelt haben.

G

Ganz

Ganz und gar.
Soweit ganz gut.
Ganz daneben.

Ja, was ist denn nun ganz?
Eben nicht halb, ganz einfach.
Ganz gut ist aber nicht ganz,
sondern eben nur ganz gut.
Mit ganz lässt sich also schieben.

Ganz unklar ist das Ganze nun
eben doch nicht. Nehmen wir:
Der ganze Mensch!
Oder: Der ganze Haufen muss weg!
Zu pauschal, nicht wahr, finden Sie auch?
Sind Sie wirklich ganz dabei?
Ja, im Grossen und Ganzen
hab ich Ihre Auffassung kapiert.
Ganz lustig.
Ganz nebenbei, was haben Sie da
wieder für eine Schrulle im Kopf gehabt?
Lenkt mich die ganze Zeit ab. Ganz uninteressant.
Das Ganze ist als schlechter Witz aufzufassen.

Besser vielleicht ganzlos, ganz ohne, also ohne ganz
auskommen.

Von der Gänze wird hier gänzlich abgesehen.
Kann später ergänzt werden.

Gas

Sag———Gas !
Und alles ist umgekehrt.
Aufgedreht oder abgeschaltet.
Gas zu Gast bis vor Kurzem.
Gas geben gabs auch bis vor kurzem.
Gas geben oder Gas nehmen, wer das wüßte.
Gase scheinen immer verdächtig. Das Wort vermittelt
uns schleichendes Gift im Gefühl.
Also was ist Gas? Reales oder ideales?
Wir nehmen zuerst das ideale Gas. Abgesehen davon,
ob es es gibt oder nicht, ist dieses Gas frei, weil dessen
Teilchen massenlos sind. Alles braucht schließlich
nicht Masse haben.
Da haben wir's.
Die ausdehnungslose ideale Freiheit.
Keiner nimmt Platz.
Dieses Gas wollen wir.
Kein russisches, solange es real ist,
und kostet und nicht kommt.
Nun wird es brenzlig. Gas, das brennt.
Im Erdbauch und Menschenbauch kommt Gas vor.
Brennende Furze sind Bergsteigern bekannt.
Und das Gas der Mutter Erde? Wie es sich verteilt?
Oh wie wohl ist mir am A-a-bend,
wenn zur Ruh die Glocken läu-äu-ten,
...und das Gas ausgeht.
Ganze Gassen, Städte und Völker ohne Gas. Gaslos.
Gas bildet sich beim Kochpunkt. Aggregiert.
Und im Volk kommt es umgekehrt. Ohne Gas kommt
es zum Kochen. Es kocht, weil niemand mehr kochen
kann. Aggressiert.
In Zukunft wird aus dem idealen Gas das Sein neu
erschaffen.
Gas war, wird jeder dann einsehen, nur Gast.
Wir sind endlich entgast.
Sag nie mehr Gas!

Gen

Was das Gen ist, woher es kommt, seit wann es es gibt, ist Gegenstand der Forschung.
Ein Gen ist sehr klein, aber nie allein. Hat Fähigkeiten sich auszutauschen - mit den Verwandten. Eigentlich wie der Mensch.
Wie der Austausch vorzugehen hat, genehmigt die Genethik.

Vieles ist ja genetisch, weil es durch die Genetik vorgeschrieben wird.
Genetisch lachen heißt, dass der Vater und der Großvater auch so gelacht haben. Über Generationen.
Das Genetische erstreckt sich über alle Lebensbereiche.
Die Genetiker sind unsere Wegweiser, weil sie vorwärts und rückwärts über enorme Zeiträume alle Vorgänge überblicken und deshalb Gegengene ausschalten können.
Wenn etwas rausfällt aus dem Ganzen, hilft der genetische Eingriff, die richtige genetische Bahn wieder zu finden.

Der kleine Mensch, das Gen, wird so langsam großgezogen und erwachsen. Wenn er, der kleine Mensch, das Gen, erwachsen geworden ist, wird alles von ihm ausgenen.
Deshalb liegt die Zukunft im Gen. Niemand braucht sich mehr genieren. Jeder findet den rechten Austausch. Sich intimer kennen wird in Zukunft *sich gennen* heißen.

Gute Begennung wird den Empfang rechter Gene bringen.
Und der Empfang des rechten Gens wird den genuinen Menschen hervorbringen.

Gleichberechtigung

Recht ist schon recht. Recht kannst du auch bekommen,
also nicht sie hat recht, auch nicht sie bekam recht. Dies
wäre ein Fall wie Lise, die auf der Flucht war, als sie den
Brief von Otto bekam. Weihnachten 1938. Otto hatte
nicht begriffen was er angestellt hatte mit seiner
Spaltung. Lise erkannte es. Dies war die Geburtsstunde
der Atombombe. Sie hatte recht. Wer berechtigt ist, sie
abzuwerfen ist nicht egal. Schon gar nicht
gleichberechtigt. Gerecht geht es da nicht zu. Da muss
sich etwas eingeschlichen haben von Rechts wegen.
Verloren und dann wieder von außen draufgeklebt.
Entrechtet ohne Recht und wieder berechtigt.
Und gleich? Gleich ist da nichts.
Wenn männlich nachdenklichst sei und weiblich
tunlichst, so wars bei Otto und Lise umgekehrt.
Sie verstand was er tat.

Die Schweizergarde in Rom wird schon im nächsten
Jahrzehnt einzig und allein von Frauen erstellt.
Im Vatikan wird geübt.
Dies als Vorspiel für die größere Veränderung:
Die erste Päpstin. Auch schon vorgesehen.

Eileiter und Gebärmutter werden Männern implantiert.
Schwangere Männer, warum auch nicht. Das kommt oder
gibt's schon irgendwo.

Abschaffung von maskulin und feminin.
Der Brunnen oder die Scheune kann sich bald nicht mehr
behaupten.
Artikel werden fortgelassen.
Was unsere Ausländer so zu schaffen macht.

Niemand wird mehr in **den** Brunnen geworfen
sondern **inn** Brunnen.

Statt von der Scheune wird
vonn Scheune **dRede** sein.
Ein angehängtes n oder vorgestelltes d.
Reicht völlig.
Nach dem Ausgleich: der neue Mensch.
Niemand wird mehr fragen:
Was hat Brunnen für ein Geschlecht. Oder Scheune.
Der Wortsexus ist abgeschafft.
Das Ziel der ganzen Umstellung ist
die Abschaffung des homo sexus.
Alle Geschlechterei und aller Sexumtrieb
verlieren Sinn und Ziel.
Ungeahnte neue Verbindungen sind möglich.
Der neue Mensch harmonisiert nur noch.
Polarität ist im Höheren verschmolzen.
Wie Kinder gekriegt werden, will da
vielleicht noch jemand wissen.
Nun ja, das ergibt sich von selbst.
Lautlos, durch ein Küsschen.

Großmacht

Von groß kann man immer reden.
Wer groß ist oder weniger groß,
kommt dann ins Bewusstsein, wenn
die Größe im Kalkül gerechnet wird.
Größen hat es immer gegeben.
Größenordnungen auch.
Früher oder später steigt die Frage auf,
wie weit das Aufblasen und das Platzen
verwaltet werden können.
Eine noch wichtigere Frage ist die des Schrumpfens.
Wer am besten schrumpft oder wie man
so schrumpft, dass es gleichzeitig optimal wächst.

Das Schrumpfen wird als unbequem verscholten.
Wer schrumpft sollte sich schämen, wird einem

oft in den Mund gelegt.
Schrumpfende Größen oder schrumpfende Mächte
haben meistens Probleme. Weil die Größe nachhängt.
Oder sind da die Größen einander falsch zugeordnet?

Nun zu der Kleinmacht.
Nicht zu verwechseln mit Großschwäche.
Der Goliath haut zu. Aber daneben.
Der David misst und schleudert.
Und gewinnt.

Haupt

P und t direkt aufeinanderfolgend auszusprechen erfordert ein gewisses Geschick des raschen Mundöffnens nach dem P, damit das T mit seinem Zungenschlag nach hinten oben glückt. Dieses etwas unbequeme Schlusspaar gibt man auch meistens etwas leiser ab, weil es sowieso schwer zu hören ist. Man hofft mehr oder weniger, dass der Satzzusammenhang dieses eher dumpfe Duo für den Zuhörer erhellt. Auch der Anfang ist mit seinem H kaum hörbar.
H-au-pt.
Wäre nicht das hörbare AU, würde man nach diesem Wort gezwungen sein, eine Pause zu machen, um zu erklären, was man gesagt hat, um das w*ie bitte?* zu ersparen.
Dass ein Wort, das so zart beginnt und unmittelbar nach einem AU mit einem zweifachen abgemurksten Trommelschlag gleich wieder schließt, solches Gewicht erhalten konnte, kann kein gewöhnlicher Sterblicher begreifen. Der Sprachbewusste steht vor einem Rätsel.

Das AU birgt das Geheimnis! Man denke an die ungeheure Variationsbreite: von Stau zu Frau, Tau zu Bau, Pfau zu Sau, Raum zu Schaum, Maus zu Laus und lau zu rau. Da ist ein unendliches Auen in der deutschen Sprache. Und immer benötigt es nur äußerst wenig vorn und hinten dranzuhängen.

Also was ist das AU eigentlich? Gold meinen die Chemisten, in der Au glücklich sein die Verliebten. Nicht zu vergessen der Weh-Aufschrei, wenn man vom Mitschüler unverhofft in den Hintern gepikst wird.

(Bei den Ohrfeigen, erzählen die, die solchen in alten Zeiten ausgesetzt waren, hätte man wegen der Kopferschütterung gar keine Möglichkeit gehabt den Au-laut auszurufen. Nach einer Erteilung derselbigen hätte auch, so die Schilderungen, die seelische Erniedrigung den Vorrang eingenommen. Man sei auch direkt nach der Ohrfeige meist angebrüllt worden, was jegliche Reaktion vollends erstickt hätte. Verflixte alte Zeiten!)

Au veranlasst auch einmalige Kettenwirkungen:
Hau auf die Pauke! Kauf das Auto! Schau dem Gaul ins Maul!
Auch die Maus braucht kaum Auslauf.

Das AU-Geheimnis ist bis heute nicht gelüftet.

Wir hoffen hier auf weitere Beiträge der Leser, um diesen Superdiphthong voll und ganz begreifen zu können. Auch die Düdin steht hier noch vor einem Rätsel.

Höhlengleichnis

Während man sich
in der Höhle umsehen kann,
ist dies in der Hölle nicht möglich.
Die Höhle ist nach einer Seite offen,
die Hölle nicht.
Aus der Höhle kann jeder gewöhnlich
herauskommen. In der Hölle sitzt man fest.
Höhlenmalereien sind mit Höllenmalereien
kaum zu vergleichen. Die Hölle ist zwar mehrfach
gemalt worden, jedoch nie von Insassen.
Höhlen sind seit jeher frei gewählte Wohnorte,
Höllenaufenthalte aufgezwungene.

Warum hier verglichen wird ?
Das kann grosse Bedeutung haben.

Wenn nämlich in die Hölle viele H's (sprich haas) einzuschleusen es gelänge, und die vielen Doppelells dort ausgeschaltet werden könnten,
könnte ein angenehmer Hauch von H's durch die Hölle ziehen und außerdem hätten die in der Hölle Schwitzenden die Möglichkeit, diese zu verlassen, weil durch den Abtausch der L's durch die H's aus der zur Höhle gewordenen Hölle höhlengemäss direkt ins Freie geschritten werden könnte.
Alle, die in der Hölle sitzen und harren, könnten befreit werden.

Ist dann das Wort erst einmal abgeschafft, kann sie, die Hölle, nicht mehr lange bestehen.
Nach der Abschaffung wird man kaum noch verstehen, wie sich ein nicht so geringer Teil der Menschheit während so langer Zeit einer unnötigen Illusion ausgesetzt hat.
Der Höhlenmensch ersetzt den Höllenmenschen und wir können uns des Neubeginns eines freieren Zeitalters erfreuen.

Das ist das neue Höhlengleichnis.

Düdin erläutert: Das überschüssige L, das Schuld an Glut und Marter trägt, wird von den Hölleninsassen durch Verschlucken beseitigt, wodurch Lüsten, Lastern und Leidenschaften jeglicher Anfang entzogen wird. Der so entschuldigte Mensch wird noch eine Weile die renovierten Höhlen bewohnen, bis die platonischen Schattenbilder, diese letzten höllischen Überbleibsel, endgültig verbleichen. Schliesslich wird der schuldlose Mensch aus eigenem Anstoss hinaus ins Freie treten, um sich alles selbst anzusehen. Damit wird auch das griechische Erbe mit seiner erfundenen Furcht vor der Unterwelt abgeschüttelt.

Hosenfalle

In Schweden, liest man, wurden vor kurzem ca. 4000 Personen elektronisch abgetastet, um die veralteten Kleidergrößen zu reformieren. Der westliche Mensch ist in den letzten 40 Jahren dicker und länger geworden.
Das wird sich auf die Hosen auswirken, weil auch die Beine dicker und im Durchschnitt etwas länger geworden sind. Wie sich diese Änderungen auf die Ausformung der Hosenfallen auswirken werden, ist noch unbekannt.

Warum Hosenfalle?
Wenn ein Lehrer mit offener Hosenfalle ins Klassenzimmer tritt, gibt es ein Tohuwabohu.
Wenn andererseits die geschlossene Hosenfalle im entscheidenden Augenblick nicht geöffnet werden kann, wird in die Hose gemacht. Also hat ein in nötiger Eile sich Befindender die Aufgabe, die Falle nach genau eintrainiertem Muster zu öffnen, weil der Blick sie, die Falle, ohne Spiegel nicht ins Feld bekommt. Alles muss blindlings geschehen.
Der den Öffnungsakt nicht rasch genug Vollziehende geht in die Falle. Deswegen Hosenfalle.

I

Ich

Ich gehört zu den kürzesten Wörtern.
Ei etwa wäre noch kürzer.
Po auch.
Was das Ich interessant macht,
ist die Verborgenheit im Eigenen.
Es kommt nie ganz heraus.
Ist gleichsam im Drinnen drinnen.
Der Stein wird betrachtet.
Er kann sich jedoch kaum selbst betrachten.
Weil Stein schon als Wort zu lange ist. Zu ausgebreitet.
Ei, von der Kürze her, könnte für Selbstbetrachtung
in Frage kommen. Ist aber doch zu kurz.
Liegt demnach vor dem Ich, als Wegbereiter. Langt nur
bis zum Staunen Ei Ei. Der Akt der Bewusstwerdung
rutscht dem Ei davon.
Und Po? Nun, auch der Po kann das eigene nicht
behalten. Er gibt ab. Scheidet aus - für die nähere
Eigenfindung.

Im Ich haben wir sozusagen den Schlüssel.
Es schaut raus und auch rein, das Ich. Aus sich, in sich.
Es gehört zu dem Wenigen, das nicht gekauft
zu werden braucht, weil es von vornherein gehabt wird.
Seine Größe ist verschieden.
Wer das größte Ich der Welt besitzt, ist nicht festgestellt.
Das kleinste muss es auch irgendwo geben.

In Zukunft wird eine Ichreform kommen.
Dem Ich wird eine neue Rolle zuerkannt.
Man wird etwa gefragt werden: Haben Sie Ihr Ich
reformiert?
In den neuen Formularen kann angekreuzt werden:
Ja oder nein.

Das reformierte Ich wird unantastbar für Eingriffe.
Immunität gegenüber allen Behörden.
Die Freiheit des Ich verkörpert sich nach der Reform.
Wird vom Körper unabhängig.
Und dann ist das Ich nicht mehr drinnen, versteckt.
Sondern geöffnet.
Der Wettlauf ist gewonnen.

Epilog
Die Biene hat zwei Mägen,
den Gemeinschaftsmagen und den für s-ich.
So wird der Mensch sein reformiertes Ich allen zur
Verfügung stellen, oder es für eigene Zwecke einsetzen
können.
Wenn das ganze Volk reformiert ist, kann der Staat
abgeschafft werden.
Die Bienen haben keinen Staat. Sie leben ohne Staat,
weil sie Staat sind.

Identisch

Mehr als gleich.
Also total gleich oder die Gleichheit
in sich vollkommen. Gleich zu gleich.
Die Verdoppler sind am Werke.
Wettlauf. Das Manipulieren fängt meistens bei
der Maus an, irgendwann dann das Schaf,
und zu Weihnachten das Doppelschwein.
Zwischendurch, wenn das Geschrei des Pöbels
anschwillt, die Ratte.

Entzwei das Ganze. Ein Teil im Spiegel des anderen.
Die Schöpfungsgeschichte auch biblisch verdoppelt.
Jetzt nah und lupenrein. Es existiert. Da.

Wenn jemand fragen würde, wozu das Ganze, wäre die
Antwort: Eben nicht das Ganze sondern die Teilung.
Viele Ganze ist gerade was wir brauchen,

um das Ganze wieder zurecht zu richten.
Der gesunde Mensch wird ausgekrankt.
Es lebt sich besser ohne Plage.
Das sinnlose Sterben wird aufgehoben.
Die Geschwüre allesamt entfernt und
durch die immunen Doppler ersetzt.
Die neubesetzten Körper leben sich besser und länger,
in der Zukunft ewig.
Wer nicht mitmacht, bleibt im alten Sumpf stecken und
wird kaum ein Mitglied der Evolution sein können.

- *Sind Sie geklont? Echt geklont?*
Antwort: rotes Knöpfchen am linken Ärmel- oder Blusenende.

Integration

Ein Neuankömmling wollte sich integrieren.
Sie wurde nicht gefragt. „Wie hast du's mit der
Religion?"
Sondern: „Wie hast du's mit der deutschen
Grammatik?"

Drei Jahre Musisches Gymnasium folgten.
Sie wollte ordentlich Germanistik studieren.
Da kam eine Aufnahmeprüfung.

Im Fragebogen stand eine Aufgabe, man solle die
rechten Artikel mit den stimmigen Hauptwörtern in
zugehörigem Casus zusammenfügen. Alle angeführten
Artikel müssten verwendet werden, jeder nur einmal.
6 stimmige Deklinationen mit Casus müssten
beigefügt und aus folgenden Bezeichnungen
ausgewählt werden:

Nominativ Singular, Genitiv Singular, Dativ Singular, Akkusativ Singular, Nominativ Plural, Genitiv Plural, Dativ Plural, Akkusativ Plural.

Alle richtigen Antworten wären notwendig, sonst sei man durchgefallen.
Und - es gäbe zwei echte Gesamtlösungen.

Aufgabe:
Der, der, dem, den, des, die.

> Spiegeleier
> Spiegelei
> Spiegeleien
> Spiegeleiern
> Spiegeleies
> Spiegelei

Zusatzfrage: Welchem dieser Wörter können drei verschiedene dieser Artikel vorangestellt werden?

Weiters: Die Lösung der Zusatzfrage berechtige zur Teilnahme an den bundesweiten Artikelmeisterschaften im Schnelldenken.
Die vollständige fehlerlose Gesamtlösung berechtige zur Teilnahme an den European Article Championships, EUAC.
Die junge Dame war sehr sprachgewandt, doch wollte diese Artikelklauberei bei ihr nicht recht ankommen.
Sie versuchte es strukturiert in mehreren Schritten, die Wörter fanden jedoch nicht Ihre Partner.

o o o o ooooooooooooo

Sie unterließ die Antwort, weil sie niemanden blamieren wollte.

Sie schrieb unter die Frage

eine eigenartige Spiegeleierei

Die junge Dame bekam „Prüfung bestanden".
Das 5-köpfige Lehrerkollegium fand den Mut der Prüfungskandidatin, nicht zu antworten, bemerkenswert, und las aus der eigenständigen Antwort, mit femininer Neuschöpfung des Wortes Spiegeleierei, dass die Kandidatin eine zweifach mögliche Begriffsbildung für das Wort Spiegelei in Betracht gezogen haben mußte, was Voraussetzung für die Lösung war, und somit sprachliche Begabung unter Beweis gestellt hat.
Die Kommission hat der jungen Dame die Benotung *Originell* erteilt und führte diese Note offiziell ein. Umdenken bei Benotungen ist gefordert und wird nun gefördert.

Es hat sich vielfach herausgestellt, dass die Alleswisser alles andere als Originalität besitzen. Und, dass die, welche das zu wissende Wissen festlegen, zwar Experten, jedoch Experten des Durchschnitts und Mittelmaßes sind, also auch zu den Alleswissern gehören. Alles zu wissen ist altmodisch, weil nur das Alte gewußt werden kann. Das Neue gilt es zu finden.

Mit vorzüglich benotete Schüler sind eben vorzüglich im Durchschnittsdenken, werden zu Alleswissern hin erzogen.

Nicht nur Nobelpreisträger können ein Lied von den Benotungen ihrer Schulzeit singen. Frau Maier und Herr Schmidt haben ihre Leben originell gestaltet, doch in der Schule ein Jahrzehnt lang am Abgrund zwischen den Noten genügend und ungenügend mit Ängsten gekämpft.

Mit *Integration* der Originalität überlebt unsere Gesellschaft.
Originalität der Integration wird das neue Grundprinzip. Muss in die Verfassung.

J

Ja

Eindeutig zustimmend.
Ein superkurzes Wort.
Kann aber auch ausgedehnt werden. Im aaaaa.
Viel mehr kann eigentlich nicht gesagt werden
zum, über das, vom ja.

Wäre noch zu überlegen, was die Vielheit bringt.
Zwei ja's, weiss man: Ehe.
Ab drei wird's fast zu viel. Wir sprechen da von
Ja-sagerei.
In der Pluralisierung liegt bereits der Keim zum
Masseneffekt.
Anhängertum, Mitläuferei.
Sagen alle ja, sagt ja niemand nein.
Sind die Einzeljas weg, kommen wir zum anhimmeln.
Massenzwang, Massengeständnisse, Beifallsstürme.

Jaja,
weicht vom ja etwas ab. Kann einem natürlich einfach
so rauspurzeln.

Ach ja,
davon gehts schnell hinüber zum Jammern.

Nun ja,
unter Floskeln einzuordnen. Mehr oder weniger nichts-
sagend. Könnte ohne grösseren Aufhebens aus der
Sprache abgetrennt werden.

Wäre noch: Na ja.
Reiner Lückenfüller. Auch völlig bedeutungslos.
Auszugrenzen.

Bleibt noch das stumme Nicken mit dem Kopfe. Wenn man sprachlos ist. Sieht man öfter, wenn zwei Personen über einen dritten nörgeln. Der Zuhörende bestätigt des anderen Nörgelei mit eifrigem Auf- und Abbewegen des Kopfes. Bis alles umgekehrt weiterläuft.

Näheres: vielleicht, wahrscheinlich, offenbar schon, durchaus, vermutlich, anzunehmen, ziemlich sicher.

Je

Oje, das auch noch!

Körper

Körper werden gehabt.
Ungehabte Körper gibt es nicht und sind auch undenkbar.
Werden sie nicht gehabt, so wurden sie gehabt oder sind
gehabt worden.
Körper die gehabt werden werden, wird es geben, doch
sind sie nicht denkbar.
Weil über deren Habenden nichts gewusst werden kann.
Das Anschaffen von Körpern geschieht nicht in
Eigensache. Es wird zugeteilt.
Durch Ver-ei-nigung der Entzw-ei-ung. Im Ei also. Der
zu haben Werdende ist unbekannt, gibt sich erst
allmählich zu erkennen.

Körper werden ein Leben lang gehabt. Über kurz oder
lang. Nichts anderes wird länger gehabt. Diese Habe
wurde bislang weder weitergegeben noch verliehen.
Trennung der Habe vom Habenden signalisiert den
Schluss der Körperschaft.

Das Körpergehabe hat nun neue Formen angenommen:
Es ist zur Haberei geworden.
Nicht *dass* gehabt wird, sondern *was* gehabt wird, wird
gehandhabt.
Aus der Habe wird die Handhabe.
Dem Bein oder einer Brust oder Zähnen wird angehabt.
Das gilt ebenso für Leber, Blut und die Zellen. Der
letzteren Gehabe wird genauestens begutachtet, um das
ursprünglich Gehabte je nach Bedarf zu verteilen. Das
nennt sich im althergebrachten Sinne Erbe. Hab und Gut
müssen aber nicht verloren gehen, wenn dem Erbgut
angehabt werden darf.

Das eben ist der Neubeginn der Schöpfung: Den Habenichtsen wird neues Hab- und Erbgut eingepflegt. Gibt der Habende zukünftig Gehabtes nicht freiwillig vorab ab, oder verspricht dessen Abgabe, kommt der Betreffende ins Strafregister. Dona nobis, dona vobis. Gib im voraus das Gehabte einem zu Habenden. Einen Lungenflügel, ein oder zwei Artären oder eine Menge Haut zum Beispiel. Augen, Drüsen oder ein stämmiger Nervenstrang etwa auch.

Das korpulierende Umamputieren zwischen Habenmüssenden und Gehabthabenden gibt ein neues Körpergefühl. Schließlich gehören wir alle zusammen. Die große Körperschaft beginnt uns zusammenzufassen. Wer sich nicht in diese korpialen Zusammenhänge hineinstellen wird, wird als korrupt sich und seinem Körper selbst überlassen.

In Zukunft wird es einen Chor der Körper geben. Körper wird zu Chörper umgetauft werden.
Man wird mit Unverständnis auf die alten Zeiten zurückblicken, wo man fest daran geglaubt hat, dass man seinen Körper für sich habe.

Kohl

Kohle und Stahl.
Ohne Kohle keine Kohlen.
Der Kohleabbau.
Gabs das? Gibts das noch?
Und der Aufbau der
Gemeinschaft.
Kohlanbau hat es immer gegeben.
Kohlhäupter in Hülle und Fülle,
um schwierige Zeiten durchzustehen.

Da kam irgendwann der wirkliche Kohl.
Und hat die Lage erfasst.
Dass Kohle für Dauer sorgt,
im Ofen und in den Taschen.
Der eigenen und der volksgebundenen.
Kohl war gleich Wohl.
Oh, wie wohl.

Wenn die Kohle verbrannt ist,
und der Scheiterhaufen auch,
dann kommen andere Zeiten.
Ohne-Kohl ist nach Mit-Kohl.
Kohl an den Nachmittagen.
Die lange Nachglut. Das Flackern.
Die Unruhe. Und schliesslich die Asche.
Aufs Haupt. Und die Segnung. Und dann:
der Friede. Das Grab. Die Stille.
Und dann die Erinnerung. Das Gewesene.
Und wer da noch was will: die Verwesung.
Alles in einem grossen Zyklus.

Kragen

Er.
Ihn trägt man und umringt damit den Hals. Hälse sollen
eigentlich frei sein. Das hängt damit zusammen, dass das
Wort nach oben will aber das Schlucken nach unten.
Diese beiden Vorgänge begegnen sich gerade im Hals.
Dort bleibt ja auch vieles stecken, wenn es unklar bleibt,
ob es hinauf oder hinunter soll.

Kra ist schon von vornherein eine unangenehme Silbe,
weil aus ihr sich der Krampf, und die Kralle bilden
können. Man versteht jetzt auch besser, dass die Krawatte
mit Kra beginnt, weil sie die Hälse abschnürt und damit
die Sätze verkrampft.

Krägen sind steif. Auch das noch. Je steifer, desto besser.
Der weiße Kragen ist der berühmteste. Er strahlt nach
außen, obwohl er immer einen schmutzigen Rand
vorweist. Dem ist doch mit Gallenseife beizukommen.
Der Hemdkragen umschließt eine heikle Körperzone.
Diesen Schutz benötigen alle Männer, die sich
gegenseitig geschäftlich an den Kragen wollen.

Wenn jemand am Kragen gefasst wird, ist das eine heikle
Sache. Das hat mit Ehre zu tun. Kann ehrenrührerisch
aufgefasst werden, wenn Unrecht im Spiel ist.
Der Tod fasst am Kragen zu. Das flößt Grauen ein, weil
ja niemand sterben will.
Tieren kann der Kragen anschwellen, wenn sie in Rage
kommen oder sich bedrängt fühlen.

Priester oder Pfarrer tragen den steifen runden weißen
Kragen, der Nacken und Hals verbindet.
Einem Geistlichen ging es normalerweise bis vor kurzem
nicht an den Kragen.

Kurz

Jeder kommt zu kurz.
Über kurz oder lang.
Dies erweist sich als der wahre Kurzschluss.
Das Zukurzkommen gehört zu den
lebenslangen Begleiterscheinungserfahrungen.
In der Kürze läge die Würze,
könnte man meinen.
Doch nein, es reicht eben nicht,
hat nie gereicht, und wird nie reichen.
Und dies, obwohl mehrfach gekürzt wird,
geworden ist und werden wird.
Kurz vor dem Tod
kommt der letzte Kurzschluss:

Dass das Leben zu kurz war.
Wir schließen zu kurz.
Und kommen deshalb zu kurz.
Also kurzum Schluss machen mit den
kurzen Schlüssen, weil sie
der Grund unseres Zukurzkommens sind.

L

Leere

Leere und Zweifel sind verwandt.
Beiden kann man sich hingeben.
Beider Wirkung schadet dem Menschen.
Doch nur scheinbar.
Aus der Leere kann so manches aufsteigen.
Großartiges zum Beispiel.
Alten Weisheiten zufolge gilt es nur
auszuharren in ihr. Ja, sie sei sogar
Gabe des Schöpferischen. Der letzteren Vorbote.
Die Kunst des Leeren beginnt meist mit dem
Ausleeren. Eben bis wir leer sind.
Darin erlebt sich die grosse Erleichterung.
Leer sein, leicht sein. Unbeschwert.
Die plötzliche Barheit wandelt aus sich heraus
die Lehren aus den Leeren des Lebens hervor.
Der leere Mensch kann sich im
Anfang aller Dinge fühlen. Gleichsam neugeboren.
Der volle Mensch ist am Ende.
Deshalb ist die Leermachung der Auftakt
zur neuen Schöpfung.
Der Entleerung sollte man nicht aus dem Wege gehen.
Die grosse Menschenleere birgt Zukunft.
Der Leere zweifelt nicht mehr.

Liegesitz

Typisches Doppelwort. Man sitzt hauptsächlich und liegt nebensächlich.
Eine Abart des Sitzens. Wer ein Beispiel will: Zahnarzt.
Vom Stehen ist nicht die Rede.
Vom Laufen schon gar nicht.
Fliegen dagegen kann sitzend und liegend vorgenommen werden.
Es liegt eine bestimmte Raumeinnahme vor.
Nicht so lange her haben die Menschen sitzend geschlafen.
Man war rasch aus den Federn bei Brand oder Überfall.
Rembrandt lag nachts sitzend. Viele Skizzen sind dabei entstanden.
Sein kurzes Bett kann man in Amsterdam besichtigen.
Der berühmte Schuhmacher lag sitzend oder saß liegend. Gewann in beiden Lagen.
Sein Geheimnis war, dass er nach jeder Runde vom Sitzliegen ins Liegesitzen wechselte - ein haarfeiner Unterschied - und sich dabei ständig erholte, während die Konkurrenten steif weiter saßen.
Vergaß er die Umstellung, verlor er.

Der wahre Liegesitz ist Kippstellung.
Da kommen die Inspirationen.
Weil der Raum es schwerer hat einzugreifen, sich quasi aufhebt.
Alles wird leichter.
Wer will nicht ein leichtes und inspiriertes Leben führen.

M

Müde

Der, die, das Müde ist unfrisch.
Alt muss er, sie, es nicht sein.
Nicht unbedingt.
Dem Müden kann verfallen,
wem die Erfrischung abhanden kommt.
Die letztere wird gar nicht erst vorgelassen.
„Ich bin eigentlich nie müde!" Was für eine
Behauptung!
„Ich bin praktisch immer müde!" Da stimmt schon
was nicht.

- Bist du auch so müde?
- Und was sagt denn der Arzt?
- Das sei eine Zeiterscheinung.
- Wenn einem immer was aus der Zeit ziehe.

Ein Leben auf Halbzeit. Halb draußen, halb drinnen.
Nie ganz. Immer halb.
Das schlürft so dahin. Kränkelt fast, könnte man sagen.
Alles ist zu viel und nichts zu wenig.
Bis die kalte Dusche kommt.
Der eiskalte Schauer. Der falsche Hahn am Morgen.
Der Kurzschluss.

Von Müdigkeit stirbt man nicht.
Von Müdigkeit lebt man nicht.
Sie lähmt. Sie gähnt. Sie wähnt - fasst aber nicht.
Fasst weder, noch kann sie gefasst werden.
Nähert sich schleichend.
Jeden Morgen eine Scheibe dazu.
Und abends das dicke, lange Essen.

Überessen. Weiteressen. Dazwischen essen.
Im Kühlschrank poltern, bis ausgepoltert ist.
Und dann noch der runzlige Spiegel.
Er spiegelt ohne Unterlass. Nichts Neues.
Von früh bis spät. Auch nachts beim Vorbeihuschen.
Spiegelt die Rauchfahne, den Dunst, und alle Stoppeln
am Körper.
Müde sein ist weder dumm sein noch gescheit sein.
Es ist die üble Mischung von beiden, den Gedanken und
den Säften.
Ist weder Krankheit noch Gesundheit.
Weder Bedrohung noch Beglückung.
Nicht Gespräch noch Schweigen.
Auch eigentlich kein Gefühl.

Müdigkeit gleicht dem Abschied ohne zu scheiden.
Darum schlage ich vor, sie abzuschaffen.
Mehr noch: ich schlag sie tot.
Um zu leben.

N

Nagel

An ihm hängen sie.
Die Hose. Die Tasche. Die Schnur.
Zunageln. Zugenagelt.
Vernageln. Vernagelt.
Fingernagel. Zehennägel.
Am Knie kein Nagel.
Am Bauch auch nicht.
Alles ist nicht vernagelt.
Den Hammer zum Schlagen.
Die Zange zum Ziehen.
Mit Nagelzange gezogen.
Auf den Nagelkopf geschlagen.
Zielgerecht schlagen.
Den Nagel auf den Kopf getroffen.
Den Nagel am Kopf gezogen.

Der krumme Nagel kommt
dem Misserfolg gleich, warum auch
an diesen, den krummen Nagel,
mancher Beruf gehängt wird.

Vom Nagel zur Nadel.
Er männlich. Sie weiblich.
Der D-Laut stößt vorne ab ins Luftige.
Der G-Laut hakt im Schlund fest.
D ist zierlicher und stichbereit.
Nadeln sind fast ausnahmslos kopflos.
Sie stechen zwar, gehen aber frei durch die Lappen
und Maschen, und sind sofort wieder stichbereit.
Nägel sitzen fest im Brett und rosten.

Man sieht die Ganzheit.
Das eine braucht das andere.
Wir können ja nicht immer so herumsticheln,
müssen auch mal tief ins Brett einrammen.

Nüchtern

Vom Schwips ist es nicht so schrecklich weit zum
Rausch.
Beschwipst findet sich die Idee leichter.
Berauscht ist verloren. Räusche sind das große
Vergessen.
Schwipse sehen noch die rote Nase im Spiegel.

Wer immer nüchtern ist, kennt die Ernüchterung nicht.
Das Gleiten auf dem Wasser unbekannt.
Nur den sicheren Standpunkt auf dem Trockenen,
in der Stube.
Soweit, so gut. Doch das Bessere?
Die Fahrt ins andere Land.
Wo der Fluss den Halt gibt.
Der Sturm die Sicherheit.
Das Wort die Tat.
Glaube Wissen.
Wen es dorthin drängt, dem klingt der wahre Ruf ins Ohr:
Mensch.
Kennst du den Menschen, den irrenden, den blinden, den
vorläufigen?
Warst du dabei, als alle mit ihren Nummern an den Start
gingen?
Was ein Geschrei! Welch ein Tumult!
Alle liefen davon. Der große Trubel. Die weltweite
Verwirrung.
Ein Zerren und Ziehen. Massenflucht.
Alles wie im Traum. Und die Glocken klangen überall.
Und die Menschen überkam ein großer Rausch. Der
Urrausch.

Der Rausch der Dinge. Und die Erinnerung verschwand,
ging unter.

Da setzte der Pfropfen sich. Und die Reise kam ins
Stocken.
Geronnen. Vertan.

Und nun sitzen wir allesamt mitten im Übel der Migräne.
Beschwipst oder berauscht. Oder beides.
Nur der Nüchterne wähnt sich nüchtern.
Greift nie zur Flasche. Und kein Geist steigt ihm
aus ihr heraus.
Das Lebe wohl, zum Wohl, kennt er nicht.

Der Nüchterne hält uns alle fest. Lässt uns nicht los.
Mahnt uns. Verspricht. Legt aus. Legt vor.
Er trägt sie. Er hält sie fest. Kommt nicht von ihr los.
Der Schuld.
Dieselbe Schuld, die wir anderen Beschwipsten schon
längst überwunden.
Er trägt sie uns immer neu vor. Laut. Und alle hören wir
zu. Gebannt. Verbannt.
Er hat den Zaubertrank vergessen. Er schläft auch nicht,
noch träumt er.
Er hat die Wissenschaft erfunden. Immer nüchtern.
Er ist Forscher. Weiß alles.
Und weiß nicht, was er anstellt.

O

Oft und viel

Eines Tages trifft oft viel. Normalerweise haben so kleine Wörter kaum Zeit für Unterhaltung, weil ständig nach ihnen gegriffen wird.

Oft zu viel:
-        Guten Tag. Oft mein Name.
Viel zu oft:
-        Viel. Angenehm.
Oft zu viel:
-        Sie scheinen viel zu viel zu haben.
Viel zu oft:
-        Wie meinen Sie das?
Oft zu viel:
-        Ein i, meine ich, würde doch völlig reichen. Jeder würde Sie ganz genauso aussprechen und das e könnte für andere Zwecke gespart werden.

Viel fühlte sich unbehaglich und fast persönlich angegriffen.
-        Sie haben sich Ihre Kürze erschwindelt.

Oft zu viel:
-        Ist doch nur eine leere Behauptung. Meine Kürze und Prägnanz ist oft gelobt worden.

Viel zu oft:
-        Sie geben sich, wenn ich da etwas deutlicher werden darf, schlanker als sie sind, weil Sie jedem zwei f in den Mund legen, wo doch nur eins zu sehen ist.

Oft zu viel:
-	Scheint mir höchst ausgedacht.

Viel zu oft:
-	Ich denke eher an Ofen, wenn wir mal von Ihrem Ende absehen.

Oft zu viel:
-	Das sind doch Spitzfindigkeiten. Da könnte man ja in gleicher Weise an Ihrem V herumnörgeln und da ein F hinstellen. Fil würde da völlig genügen und Sie könnten sich auch wie ich zu den Kürzesten zählen.

Viel zu oft:
-	Ich finde, wir sollten nicht zu viel am Äußeren hängen bleiben. Vielleicht wäre Ihnen leichter zu Mute, wenn wir etwas unsere Familienverhältnisse uns gegenseitig vorstellen würden.

Oft zu viel:
-	Ich habe keine Verwandten. Tut mir leid.

Viel zu oft:
-	Wie? Sind Sie ganz einsam?

Oft zu viel:
-	Darauf war ich immer stolz. Ich fühle mich frei. Sie müssen sich doch immer mit Wörtern wie Ziel, Kiel usw. vereinbaren.

Viel zu oft:
-	Fühlen Sie sich denn nicht ein bisschen benachteiligt gegenüber allen anderen Wörtern?

Oft zu viel:
-	Sie kennen anscheinend meine Künste nicht. Ich kann mich steigern, ohne Anleihen zu machen und ohne mich zu entfremden.

Viel zu oft:
-        Wie das?

Oft zu viel:
-        Nun, *öfter* mal was Neues. *Am öftesten* kann mir niemand nachmachen. Das nenne ich Beweglichkeit.

Viel zu oft:
-        Sie vergessen, dass Sie ohne mein Zutun sich nicht weiter steigern können. Wie wollen sie denn Ihr öfter steigern? Oder wie wollen Sie sich öfter als öfter ausdrücken? Tja! Eben *viel öfter*! Da haben wir's. Wenn ich mich weigere, können Sie sich nicht steigern. Mal etwas weniger Hochmut, wenn ich bitten darf!

Oft zu viel:
-        Trotz allem: Sie scheinen praktisch über keine Künste zu verfügen. Wird Ihnen Ihr *viel* nicht allmählich zu viel?

Viel zu oft:
-        Von wegen! Ich bewege mich in die Breite. Vielerlei, vielerorts oder Vielfrass, wenn Sie so wollen.

Oft zu viel:
-        Breit sein ist nicht modern. Schlank und vornehm gilt heutzutage. Wie wärs mit *des Öfteren?* Mal gehört davon?

Viel zu oft:
-        Nun, da kann ich mit *Vielfalt* aufwarten, oder *Vielfältigkeit.*

Oft zu viel:
-        Scheint mir doch etwas zu plump verglichen mit meinem Stil.

Viel zu oft:
- Lassen wir das doch, jeder hat eben seine Eigenheiten. Wo kommen Sie eigentlich her? Warum sind Sie zugelassen worden?

Oft zu viel:
- Ich habe lange im Umkreis der Erde gelebt und bislang bemerkt, dass die Menschen sich so umständlich ausdrücken, wenn sie einer höheren Anzahl nicht mehr Herr werden können. Das *viel* schien mir da auch höchst unbefriedigend und ein wenig schwammig.

Viel zu oft:
- Also hören Sie mal!

Oft zu viel:
- Doch, doch, das ging sogar soweit, dass die Leute von *viel zu viel* sprachen. Eine absurde Steigerung, dachte ich. Schauen Sie, *oft zu oft* ist eben gar nicht möglich.

Viel zu oft:
- Also, ich muss schon sagen, Sie schlagen hier schon äußerst angehobene Töne an.
Sie geben an, was Sie nicht angeben können. Ihre kleinen Auftritte sind doch höchst ungenau. Sie scheinen mir ein schlechter Angeber.

Oft zu viel:
- Jeder Erstklässler kann mich auf Anhieb lesen und schreiben, und, was entscheidend ist, klar denken. Sie schaffen da allemal Probleme, weil selbst Erwachsene oft nicht wissen, wie man Sie schreibt. Auch erzeugt Ihr Begriff grenzenlose Habgier.

Viel zu oft:
- Sie sind ein intellektuelles Würstchen, um es mal gerade raus zu sagen. Trocken und völlig unbrauchbar für

die Poesie. Ihre Intrigen schaffen Sucht und Abhängigkeit, weil es bei Ihnen eben nur um die blasse Wiederholung geht. Nehmen Sie doch ein Meisterstück wie Goethes Faust. Ich bin überzeugt davon, dass Sie darin kein einziges Mal vorkommen.

Oft zu viel:
- Sie träumen alten Zeiten nach. Leben zu viel im Gefühl. Es verschwimmt Ihnen alles da, wo bei mir alles prägnant bleibt.

PAUSE

Viel ist dabei, sich grußlos zu verabschieden – dreht sich nochmals um und fragt:
- Wie viel verdienen Sie?

Oft zu viel:
- Das kommt darauf an, wie oft ich pro Monat gedruckt und gesprochen werde.

Viel zu oft:
- Im letzten Monat zum Beispiel, das müssen Sie doch wissen.

Oft zu viel:
- Ja, das war sehr oft. Da gabs denn auch Klirr in der Kasse.

Viel zu oft:
- Ja, wie viel denn nun?

Oft zu viel:
- Das geht Sie nichts an. Ihre Frage bestätigt mir nur Ihre materialistische Denkweise.

Viel zu oft ergrimmt:
- Sie kommen *viel zu oft* vor.

Oft zu viel - gelassen:
- Und Sie sollten *viel weniger* reden! Ich verabschiede mich.

Viel zu oft:
- Danke für die neue Wortwendung. Auf Wiedersehen, hoffe wir sehen uns öfter mal.

P

Protz

Jeder möchte frisch sein. Von Leben strotzen.
Im Überschuss oder Überfluss der Lebenskraft sein.
Seelisch strotzen dagegen macht müde. Warum?
Weil die Demut abhanden kommt.
Wie also mit Strotzigkeit zurechtkommen, ohne sich zu
verstrotzen?

Die Maus könnte nur strotzen, wenn sie die Angst
abschüttelte.
Maus mit Ausstrahlung wäre die Folge. Sie würde
sozusagen trotzen.
Der Angst zum Trotz Strotzin werden. Und die Katze
ums Ohr hauen.
Durch die unerwartete Ausstrahlung.
Die Steigerung des Strotz wäre der Protz. Davon kann die
Maus nur träumen.
Tut sie sicher zwischendurch, wenn der Käse nachts
unbewacht und abgedeckt in der Vorratskammer einfach
daliegt. Da kommen kleine protzige Augenblicke. Bis die
Angst und das Zittern sie wieder übermannt.

Trotzen und Strotzen sind eng verwandt. Trotz ist ja
nichts anderes als gestauter Strotz.
Das S tut da das Seine dazu.
Der Protz oder gar die Protzin sind dann schon eher
ausgefallen. Fast lächerlich.
Weiter abwegig ist das Frotzeln. Stark negativ, weil da
Bewusstsein sich dazugesellt.

Man entdeckt sofort, dass stets der Rotz den Kern des
Wortes ausmacht.

Vom selbigen weiß man, dass er sich in der Mitte des Angesichtes, in der Nase aufstaut und lagert. Hat stark mit dem Gefühl zu tun.

Viel Rotz, viel Emotion, großer Taschentuchverschleiß. Kann zum Problem ausarten.

Wir sehen hier in der Grundsilbe den Versuch der Sprache, Absonderung, Aussonderung zu signalisieren. In Österreich kann mitunter ein junger Lümmel mit Rotzer angesprochen werden.

Getrotzt, gestrotzt, geprotzt oder gefrotzelt hat sich seit jeher verstanden als übertriebene Äußerung. Alles was übertreibt, treibt ab und sondert sich auch früher oder später ab.

Damit ist der Kreis geschlossen. Die Wortbildungen rund um den Rotz gleichsam verständlich dargestellt.

Wohlgemerkt, der Protz hält die Mitte.

Ein bisschen protzen ist also durchaus angebracht.

Q

Quatsch

Ein eigenartig zusammengewürfeltes Wort.
Fast möchte man sagen Mischmasch.
Grund dafür: das Q.
Patsch zum Beispiel ist viel deutlicher.
Man weiß, dass es dann und wann patschen kann.
Überhaupt ist das Q schon von vornherein in
sonderlicher Stellung im Alphabet.
Nach dem P wäre das R natürlich.
Wir haben ja schließlich das K, das die Rolle des Q
ohne weiteres übernehmen kann.
Ein *Kwerschläger* ist das Q.
Die *Kwelle* würde genauso sprudeln
wie die mit dem Kreisrund und
dem komischen Stäbchen rechts unten.
Kommt *kwasi* auf dasselbe heraus.
Alles nur Gewohnheit und Sprachschlendrian,
dass da dieser runde Glotzer überall auftauchen muss,
mit seinem Kwerstecken.
Jahraus und ein müssen unzählige Schulanfänger
mit diesem Laut und seinem ausfälligen Schreibzeichen
herumkwengeln.
Nichts gegen Sonderlinge. Aber doch dann bitte wirklich
abgesondert und ausgesondert.
Ein zweites Alphabet meinetwegen. Das Sonderalphabet.
Kwoten, Kwecksilber, Kwitte oder Kwark,
auch kwietschen oder kwetschen - alles wird normalisiert.

Dass dieses Gebilde laut Forschung vor dem
phönizischen *Quoppa* urtümlich langsam über Etrusker
und Römer eingeschleust worden sei, in die
sonst so genialen Schriftformen, ist völlig unfassbar.

Vieles andere ist ja schließlich auch verloren gegangen. Niemand hat bisher gegen diesen Schönheitsfehler protestiert. Eine Spermie im Alphabet, sowas!
Man sehe sich das Q nur näher an! Ob etwa einem beschwipsten, lüsternen Mönch am Schreibpult gar das Vergehen zuzuschreiben wäre? Von den Römern ins Deutsche so ohne Kritik? Diese Klarstellung müsste vorgenommen werden.
Sonst ist es überhaupt nicht möglich, solche Wörter wie *Kwatsch* wirklich in den Griff zu bekommen.

Wie? Das ganze sei Kwatsch? Hier werde unnötig *gekwatscht*?
Von wegen!

Bitte mehr Kwellenforschung.

R

Reden

Zur Lage der Nation.

- Liebe Bürgerinnen und Bürger,
liebe Ausländer und Inländer,
liebe integrierte Einwanderer und extrahierte
Auswanderer,
liebe arbeitende und liebe nichtarbeitende
Mitbürger und -bürgerinnen.
Und an alle, die noch dazugehören oder dazukommen
werden.

Die Lage der Nation hat sich geändert.
Sie ist nicht mehr, was sie einmal war.
Ihre Stimme kann deshalb nicht ungeteilt
aus einem Munde ertönen. Nicht heute
und noch weniger morgen.
Die vereinenden Bande sind nicht
mehr dieselben, die sie waren.
Der Platz auf dem Globus hat sich verschoben.
Wo wir heute stehen, kann niemand genau sagen.

Das und vieles andere, liebe Bürgerinnen und Bürger,
hat mich veranlasst, selbst das Wort zu ergreifen.
Ich, die Nation selbst!
Alle Reden an die Nation waren ja,
seit es sie gab, an mich gerichtet.
Nun scheint der Zeitpunkt gekommen,
zu antworten, was zu verantworten mir obliegt.

Mein Dasein zu beschreiben, meine Lage, war
Gegenstand vieler Geschehnisse im Laufe der
jüngeren Geschichte.
Bis zum heutigen Tage war niemand auf die Idee
gekommen, mich selbst zu bitten, meine Lage
darzulegen.
Nun tue ich es, im vollen Bewusstsein der Tragweite
dieser einzigartigen Handlung. Denn welche Nation
hat schon aus sich heraus zum Wort gegriffen!

Lassen Sie mich gleich vorausschicken, dass
meine Stunde geschlagen hat, und schon morgen,
im Rückblick, geschlagen haben wird.

Einst ein blühendes, selbstbewusstes,
mächtig strebendes Gebilde, waren meine Abwege
in die Nazi-on zerrüttend. Alle die mitmachten,
sind an dem Schicksal erwacht.
Teilung und Wiedervereinigung sind im Spiegel der
Zeit wie das sich entwickelnde Leben der Zelle.
Das Streben nach höheren Einheiten weicht nun jedoch
dem Komplexen, der Vielheit.
Der Platz für den stolzen Eigenbrötler ist nicht mehr
gegeben.
Ich habe gewacht und abgewartet. Die Zeit mit ihren
Irrfahrten hat Spuren hinterlassen, tiefgreifende.
Nun steh ich da und nehme Abschied von der Bühne.
Das eben ist meine Botschaft.
Die Form zerrinnt, neue Formen erstehen.
Doch ohne mich.
Mein Glanz ist erloschen, meine Stützpunkte
unbrauchbar geworden.
Ich kann sagen: Ich wurde nicht abgeschafft,
ich habe mich selbst abgeschafft!
Der Blick in die Zukunft, liebe Bürgerinnen und
Bürger, ist mir getrübt, die Grenzen meiner Sicht
undeutlich und ohne Sinn.

Ich danke Ihnen für das Vertrauen und die langen
Lehrjahre der gemeinsamen Geschichte.
Ob wir stolz sein können,
werden die Nachfolger besser beurteilen.
Meine Hymne, denke ich, sollte noch übergangsweise
eine gewisse Zeit gespielt und gesungen werden. In
Zukunft wird anderes gesungen.

Das Gefühl meiner Auflösung ist getragen von den
großen Impulsen, die unser Dasein durchströmen.
Lassen Sie diese Ansprache in Ihren Herzen
weiterleben als einen Neuanfang, einen
Sonnenaufgang in eine neue Zeit.
An meinen Platz tritt das neue Zeitalter der Poesie,
die keine Grenzen kennt und doch die Herzen
wachrüttelt und verbindet.

Riss

In der Hose oder wo auch immer.
Es geht auseinander. Sozusagen ruckartig.
Vielleicht schrill oder kreischend.
Jedenfalls aufschreckend.
Vor und nach dem Riss teilen sich die Meinungen.
Denn, wer reißt oder gerissen hat, bleibt oft ungeklärt.
Alles starrt auf den offenen Zustand.
Dem Plötzlichen sind wenige gewachsen.
Darum diese schreckensvolle Stille.
Sich verhalten ist gar nicht so leicht,
weil er, der Riss, ja in vielen Fällen noch gar
nicht abgeschlossen ist. Im Moment zwar.
Im nächsten kann bereits ein totaler oder zumindest
noch größerer entstehen.
Alles im Ruck. Wie zeitlos. Außerhalb jeglicher Norm.
Bar des Fortlaufenden. Scheinbar ohne Gesetz.
Aus der Nähe einem Riss ausgesetzt sein ist eine
Prüfung.

Ruf

In der Wüste.
Dieser Ruf hat kein Echo.
Der ausgebreitete Sand,
ob gedünt oder glatt,
gibt so was nicht her.
Nimmt ihn und lässt ihn versanden. Den Ruf.
Ruf ohne Widerhall ist schlecht.
Der verschallende Ton,
das Kurzlebige, eignet sich
kaum für die freie Unterhaltung.
Man denke an Schall und Rauch.
Der Ruf kann gut gerufen sein,
aus voller Kehle, und doch
sein Ziel verfehlen.
Anruf genügt eben nicht.
Gut gerufen ist noch kein guter Ruf.
Nun kann der Ruf aber
herandringen,
sich gleichsam eines
bemächtigen.
Die Folge ist Berufung.
Dies wäre der innere Ruf.
Auch er kann versanden.

Rund um die Uhr

Das geht immer weiter.
Non stopp, wenn Sie so wollen.
Wenn das eine fertig ist, kommt das andere.
Bis das andere das eine eingeholt hat.
Da warten sie dann beide, das andere und das eine.
Im Galopp oder im Schleichtempo, spielt praktisch
keine Rolle.
Auch nachts. Mit dem Kühlschrank zusammen.
Seinen leeren und vollen Fächern. Mitten in der Nacht.
Gott sei Dank ist er weiß und nicht schwarz.
Im Dunkeln nach einem schwarzen Kühlschrank tappen
wäre doppelt erschwert.
Also, wenn der Unschlaf rund um weiterdreht.
Blick und Griff hinein. Das Auf- und Zuschnappen.
Das unaufdringliche Lichtchen, wenn's schnappt.
Da sind die Happen und die Flaschen und da
geht das Ganze ungehindert weiter.
Auch im Schlaf oder Halbschlaf.
Bis die Zeit den Wecker ruft.

Was macht der Bundeskanzler spät nachts?
Rumort er? Ist er etwa unruhig?
Am besten wir rufen ihn an. Fragen, wie's ihm geht
und was er macht. Er hat wohl auch kaum Ruhe.
Wie wir. Wir müssen uns mehr kümmern.
Um jeden. Sonst wissen wir ja gar nicht, was
eigentlich los ist und wo wir noch anpacken können.

Deshalb ist die Uhr rund.
Das hilft uns im Rundumdieuhrdranbleiben.

S

Schule im Dialog

- Biste in die Schule jegangen?
- Ja.
- Ick och.
- Ach ja.
- Und?
- Ja, da haste wat jelernt.
- Du och?
- Na, wat denn sonst.
- Sitzen und lesen. Dat haste ja kaum jekonnt
   vorher.
- Stimmt. Das Sitzleder und die Bücher.
- Ja, aber och die Zettel.
- Ich hab immer die Zettel verjessen oder
   verleecht.
- Haste eins hinters Ohr bekommen?
- Ne, ich habs vom Nachbar abjekuckt.
- Heut lachste drüber, wat?
- Na ja.

....

- Doch, jelernt haste allemal wat.
- Klar, sonst wärste ja nich in die Schule jegangen.

....

- Und all die Jahre, die de da abjesessen hast.
- Is schon lange her, dat mit der Schule.

....

Handy klingelt. Die vielversprechende Konversation wird dadurch leider vorzeitig abgebrochen.

Schule im Trauma

Was ist los im Schulzimmer?
Die Hölle. Wer weiß warum.
Fragen ist hier nicht das Gefragte.
Die Normalisierung. Um die gehts.
Der Umgang mit dem Schüler.
Der Vorgang Schule.
Der Eingang und der Ausgang.
Im Gange also. Gang.
Erster, zweiter, dritter.
Und dann Rückwärtsgang.
Alles hat seinen Gang.
Wie? Gangster? Die Schüler?
In den Gängen. Den langen.
Da spielt er sich ab. Der Druck.
Pressen und stressen.
Die Prüfungen vergessen.
Das Gefühl nicht losgeworden zu sein.
Das ist das Pulverfass.
Vorn ab die lange Zündschnur.
Und die beherrschte eilende Glut.

Schule im Traum

Blumen explodieren nicht.
Sie applaudieren. Sind fröhlich und frei.
Haben die grüne Wiese und
das Träumen in der Sonne.
Haben Zeit. Abgeschnitten, geschenkt,
verwelkt, spielt keine Rolle.

Rollen werden keine gespielt.
Da ist Schönheit und Duft.
Dorthin zieht es uns.
Das Quälen und die Qual in der
Gangsterhölle verlischt.
Wir werden alle fliegende
Käferlein, und leuchten im Juni
und im November. Schwatzen
miteinander auf den Blättern oder
im Busch. Und dann fliegen wir weiter.
Und schlummern wieder ein.
Da sind sie weg. Die Bösewichte.
Und der Friede kommt.
Weht, wie die Fahne im Wind.
Ach, wie schön.

Schweinerei

Ich, das Schwein, ergreife das Wort.
Das war bisher nicht *notwendig*.
Nicht wegen der *Not*, sondern der *Wende* halber.
Der Mensch hat das Wort mit inkarnicrt.
Dem haben wir uns enthalten. Bis heute.

Für uns Schweine ist *ich* gleichbedeutend wie *wir*.
Abgrenzung liegt uns nicht.
Wir haben die Schnauze mitten drin, seit jeher.
Erschaffen wurden wir kurz vor dem Menschen.
Uns zog es hin zu unserem Nachfahren, unter allen
Umständen. Dass der Mensch zieht und schlächtert ist
nicht unser Problem. Wir sind gefeit. Zwischen uns und
Mensch wurde nichts erschaffen. Gottesrast war da nur.

Nachher war der Hund an der Reihe. Von dem einen isst er täglich, mit dem anderen geht er spazieren. In leiblicher und seelischer Verbundenheit.

Doch der Sprung in die Schöpfung war in einem vorgesehen. Mensch und Schwein in einem. Aber es kam anders. Wir schlitterten voraus, ins Fleisch. Ärschlings. Wir haben da nicht so lange gezögert. Mensch hiess er und Schnem war unser Name. Umgedrehter Mensch.

„Ei, ei, sieh mal einer an", sagte Adam und drückte uns herunter. Damit wurden wir zum Schwein. Und alles war gleich vertuschelt.

Nun zur *Wende*. Wir wollen ein gemeinsames Fleisch. In Keule, Braten und Fett schleusen wir uns hinein ins Menschliche, gehen auf darin und zerfliessen im Schweineglück.

Doch nun schlägt das Herz höher. Ein Herz und eine Seele! Das ist unser neues Ziel. Dafür geben wir auch die eigene Einheit auf.

Dass wir grunzen, ist nur Ablenkung. Dass wir schweinisch leben ist artgetreu und vorgesehen.

Wir sind sauberer als der Mensch, wenn er uns den Stall nicht versaut.

Besser eingepflanzt als gegessen. Wir lassen uns deshalb klonen, wollen es so. Wo geklont wird, wird auch verschmolzen. Auf höherer Ebene. Nicht nur die vollkommene Nähe. Ein Herz und eine Seele. Völlige Vereinigung steht bevor. Vor- und Nachfahre endlich beisammen inkarniert. *Das ist die wahre Schweinerei.* Der Wendepunkt der Schöpfung. Geklont und herzhaft implantiert. Nicht nur unsere Schenkel und Lenden sondern endlich vereint im Herzen. Wir verschenken unsere Herzen. Spenden, um die Schöpfung wieder auszugleichen.

Verständlich, dass der Mensch mit seinem allernächsten Schöpfungsgefährten ganz zusammen sein will. Hätte der Mensch nicht Schwein gehabt, wäre er auf den Hund gekommen. Hätte sich mit dem Hund vereinigt. Mit dem

Nachfahren anstatt Vorfahren. Wäre durchaus möglich gewesen. In dem letzteren hat er allemal einen innigen und treuen Seelenfreund, der ihn nie im Stich lässt. Der lässt sich aber nicht essen.
Gott hat ihn nachher erschaffen. Sozusagen als Ausweicher.
Wir Schweine freuen uns alle herzlich auf die gemeinsame Zukunft mit dem Menschen.
Jeder sollte sich in Zukunft ein Schweinchen halten und mit ihm im Park spazieren gehen.

Schwätzen

Schwätzen ist ein Wort, das in der Schulbank entstanden ist.
Niemand hat da von Unterhaltung gesprochen.
Dies, obwohl man weiß, wie grundlegend wichtig es ist für den Menschen, sich mit seinem Mitmenschen auszutauschen. Das Schwätzen ist zwangsläufig zum Tuscheln degradiert worden.
Ungezählte Lehrer haben sich darob geärgert.
Heimlich haben Schüler in den hinteren Bänken sich wichtige Dinge mitgeteilt.
Bis sie entdeckt wurden.
Gewissen Generationen hat man Tatzen verabreicht.
Das waren Hiebe mit einem längeren Stab oder einer Rute, auf die flache, offene, hingestreckte Hand.
Eckenstehen war auch ein weit verbreitetes Mittel, dem Geheimaustausch beizukommen.
Es ging fast ausschließlich um das allgemeine Schwätzen.
Sehr selten wurde gefragt, was genau gesagt oder mitgeteilt worden war.
Aus mangelndem Interesse von Lehrerseite.
Man konnte mitunter der größte Schwätzer in einem Klassenverband sein.
Also mehr schwätzen als irgend ein anderer.

Die Stillen waren die Braven.

Heute werden Lehrer verprügelt oder auch erschossen. Schusssichere Westen und Alarmbereitschaft sind notwendig, Messergefechte oder Schulschlachten nicht mehr auszuschließen.

Die Zeiten haben sich geändert.

Vielleicht müsste da manches ganz anders gemacht werden. Sozusagen von Grund auf.
Man könnte zum Beispiel die Frage näher beleuchten, was die Anstalten Schule und Gefängnis unterscheidet. In beiden zahlt man normalerweise nichts. Gratis das Ganze. Schüler bekommen kein Taschengeld. Eingesperrte, also hinter Gittern Sitzende schon, was man hört.
Die Kosten werden übernommen und beglichen. Man kann sich ja freie Gefängnisse vorstellen, wo man bezahlt. Freie Schulen sind ja meist auch besser als die unfreien.
Schulgeld. Die Schuld wird schuldenfrei abgesessen. Weg von dem Anhäufen der Schulden!
In Schweden hört man, werden Milliardengewinne von Schulkonzernen gemacht. Wie? Gefängnisse hängen da nach.
Es kostet mit der Eisenbahn zu fahren. Es kostet nichts in die Schule zu gehen.
Auch nichts im Gefängnis, die Zeit abzuhocken.
In beiden ist die freie Rede, der freie Austausch, unterbunden.

Spiegel

Die kleine Clementine hatte immer schon viele Fragen. Warum man schlafen gehen müsse oder, warum der Vater immer dunkelbraune Hüte trug. Sie stellte diese Fragen nicht. Am Abend im Bett kamen sie alle, nacheinander. Irgendwie brauchte sie die Antworten nicht, weil sie mit den Fragen lebte. Sie waren Begleiter, auf die sie vertraute.

Eines Abends aber ward es zu viel mit einer Frage. Da mußte sie Antwort haben. Selbst. Alle Menschen guckten sich nämlich so oft in den Spiegel.
Und da fing's schon an. Dieses ständige Sich-Anschauen, wegen der Nase oder den Haaren oder sonst welcher Grimassen, hatte Clementine auch einfach übernommen. Das hing mit schön oder hässlich zusammen. Sie fand heraus, daß niemand zufrieden zu sein schien mit dem, was alle da sahen. Niemand rief da laut „ Mensch bin ich schön!"

Nun wollte Clementine hinter das Geplänkel schauen, das Geheimnis aufdecken, ein für alle Mal. Sie fuhr aus dem Bett und stellte sich rücklings vor den Spiegel. Jetzt wollte sie wissen ob das Bild von ihr im Spiegel sei bevor sie es sah. Sie wollte den Beweis haben. So stand sie eine Weile still.
Sehr langsam drehte sie sich seitlich um, um den Augenblick zu erhaschen, das Spiegelbild zu fangen, bevor sie es sah. Das ging schief. Jedes Mal.
Sie sah sich im Spiegel und, wenn sie sich wegdrehte, sah sie es nicht.

Der kleine Bruder sprang ins Zimmer und sah seine Schwester rücklings zum Spiegel in Versenkung.
- Was machst du da? Suchst du was?
- Ja..., nein...das verstehst du nicht.
- Wieso, du stehst so komisch da, was ist's?

- Also gut, bitte schau in den Spiegel und sag mir ob du mich siehst.
- Klar, seh dich doch, von hinten.
- Nicht von vorne?
- Nein, das geht doch nicht, wäre ja dumm.
- Weißt du, wo genau dieses Bild da drinnen ist?
- Nö, weiß man doch nicht, spiegelt einfach.
- Du verstehst nicht, was ich meine

Der kleine Bruder sprang hinaus, weil ihm etwas anderes in den Kopf kam. So war er immer. Er war etwas flüchtig.

Die Antwort kam viel später in Clementines Leben. Als sie hoch vierzig war.
Sie hatte laut Arzt eine Magenschleimhautentzündung. Vermutete man.
Dies sollte belegt und beantwortet sein.
Um Gewissheit zu haben.
Sie wurde eines Morgens in die Klinik bestellt, und durfte von Mitternacht an nichts zu sich nehmen.
Leer im Magen also.
Ihr wurde gesagt, dass es am besten mit einer Ösophago-Gastro-Duodenoskopie wäre. Dabei käme alles ans Licht. Sie könne auf dem Bildschirm mit dabei sein und sich selbst sehen. Also völlig dabei sein.
Soweit klang das lockend.
Clementine stellte die Frage nicht: Oheim, was fehlt mir?

Zwei Ärzte, einer musste Praktikant gewesen sein, weil er immer Fragen stellte, packten einen schwarzen Schlauch aus. Clementine wurde gebeten, in den breiten Stuhl sich zu setzen, der von einer Dame sofort nach hinten gekippt wurde. Ein großer Bildschirm wurde angelassen, während die Ärzte sich unterhielten.

- Bitte Mund öffnen und nicht schlucken und
völlig ruhig sein, alles Routine....

hörte sie und schon drang ein dicker schwarzer
Gummischlauch gleitend in ihren Schlund und in die
Tiefe. Clementine war schockiert und in Panik. Die
Schlange hemmte Sprache und Gefühl.
Und die beiden Herren unterhielten sich, indem sie
am Schlauch herumdrehten und das Bild am
Computer absuchten.
Der ältere unterwies den Praktikanten gleichzeitig
und erzählte von Adolf Kußmaul der im Jahre 1868
einem Schwertschlucker eine Röhre in den
Magen runter steckte und damit die Magenspiegelung
erfand.

Clementine überlebte. Sie genas schließlich dank der
Spiegelung.

Stamm

„Lasst uns uns besinnen!
Auf unsere wahre Abstammung."
Dann die Pause. Eine lange Pause.
So tönt es von der Kanzel.
Oder ist es der Kanzler?
Es geht nicht um die Verzweigung.
Um den Baumstamm dreht es sich.
Und im nächsten Schritt:
um den Stammbaum.

Woher stammst du? Frage eins.
Von wem stammst du ab? Frage zwei?
Wie steht es mit deinen Stammzellen?
Das wird die Frage drei.

Mein Stamm. Nicht die Rinde, die Kruste.
Das was drinnen steckt ist's.
Wer seinen Stamm genau kennen wird,
wird ihn anbieten können.
Nicht der bewusste, der unbewusste ist gefragt.
Was heute noch abgekratzt wird, und mühsam
gezogen, wird bald vielfältig angeboten und gewählt.
Ein Ethischer Rat reicht da längst nicht mehr.
Sie sitzen und tagen rund um die Uhr und
praktisch in jedem Nest. In Über- und Unterlingen,
Kotzdorf und Reinleben, Schwanenhöhe und
Raufferdingen.
Alle erzeugen die kleinen Stämmchen.
Die Selbstzeugung wird rasch im Stammbuch registriert.
Jeder kann reingucken und bestellen.
Der Mensch wird wieder stämmig. Widerstandsfähig.
Mehr oder weniger unverletz-, unanfecht- und
unansteckbar.
Ganz im Nu.

Alle werden wir die gemeinsame Abstammung erst
wirklich entdecken. Der Chinese Ching Shuao wird bei
Maiers in Salzgitter in der Stube sitzen und die kleinen
Plastiksäckchen austauschen. Mit den gereinigten
Stammzellen. Rund um den Planeten entdeckt jeder,
was in ihm eigentlich steckt. Ganze Welten.
Ein ganz neuer globaler Sinn erwacht.
Frau Fuku Kaka im Vorort von Tokio sieht ihre
Stammzellen in den Ferien mal genau durch.
Und entdeckt ihre Liebe zu Tommy Persson in Malmö.

Das hat nichts mit neuen Rassen zu tun.
Das gibt den neuen Menschen. Und zwar aus den
Wurzeln des alten, selbst neu erschaffen.
Kein Wunder.
Heute haben noch viele Angst davor.
Morgen ist sie überwunden.
Weil alle Wunden geheilt.

Steuern

Jeder will. Und zwar selbst.
Ganz alleine. Hin zum Ziel.
Das Steuer fest in der Hand.
Stehend oder sitzend.
Das gibt Richtung. Führt hin.
Nach vorn.
Rückwärts steuern ist unbequem.
Zurückgeschaut hat man seltener mit Genugtuung.
Rückwärts steuern ist mit Unbehagen verbunden.
Weil der Weg bereits beschritten.

Nun noch die andere Steuerung.
Gegen den Willen. Von außerhalb.
Diese ist schwerer einzuplanen.
Sie läuft quer.
Mitunter von allen Seiten.
Rücksichtslos. Die Sicht geht verloren.
Und da regieren die Zahlen.
Alles Diktierte wird gezählt.
Und genau da wird der Mensch aus seinem Traum
gerissen.
Ins Rechnen hinein wird er förmlich gezwungen.
Die schönen Zahlen werden hässlich. Unerträglich.
Weil sie gezählt und dann auch noch gezahlt werden
müssen.
Daran kranken ganze Länder. Ganze Steuerhäuser
braucht es, um alle und alles zu steuern und besteuern.

Im goldenen Zeitalter, also vor der Sintflut, wurde
verteilt.
Da gab es Verteilhäuser. Die grosse Aufgabe war, den
Menschen zuzuteilen.
Da hat man nicht genommen, sondern nur bekommen.
Und mit dem Bekommenen hat jeder gesteuert.
Sich und sein Schicksal. Und die Rechnung ging
immer auf.

Der Überschuss wurde nämlich gleich wieder verteilt. Wenig oder viel gab es da nicht. Es reichte. Und deshalb war jeder reich.
Im Gefühl. Verarmung und Bereicherung entstand nicht. Aus gutem Grunde.

Die Schuld kam nach der Flut. Mit ihr ist das Steuer aus der Hand gefallen und untergegangen.
Der biblische Noah hatte schon alles verloren.
Dass er ausfuhr, um das Steuer zu finden, verschweigen Bibel und Mythos.
„Gut mit der Flut" sagte er. „Laßt es uns vergessen".
So ward er der erste, der sich von außen steuern ließ.
Er wußte nicht mehr, wo's hinaus geht.
Geplagt vom Zweifel und der Schuld war er schwermütig.
Alles dahin. Das Steuer. Und die Freiheit.
Der Verlierer wurde Retter - biblische Notlüge.
Dass er aus Verzweiflung das Vöglein hinaus sandte, war für die Besatzung völlig unbegreiflich.
Sowas an Verwirrung und Ziellosigkeit hatte man bis dahin nicht für möglich gehalten.

Von da an wurde geschwindelt. Und die Steuern wurden plötzlich erhoben.
Das Übel war Faktum.
Und heute?
Na ja, jetzt tut sich schon was.
Es stürmt wieder viel. Es regnet viel. An allen möglichen Ecken.
Und noch mehr kommt. Auch Dürren.
Die umgekehrte Flut ist auf dem Wege. Sie gibt uns das Steuer wieder zurück.
Diesmal ohne Noah. Kein Mittler. Gott selbst sieht zum Rechten.
Vorher geht jeder unter. Nur kurz. Also kein Grund zur Panik. Wie damals.

Jetzt, um sich das Steuer zu holen. Um wieder zu steuern. Selbst.
Und dann geht es von selbst. Und jedem fällt alles zu. Und alle sind zufrieden.
Und unser Planet schlägt die neue Bahn ein. Wirft das Steuer rum.
Steuern wird der neue Job des Menschen.
Vollbeschäftigung. Immer.

Strudel

Die Erfindung des Strudels wird im Raume Österreich vermutet.
Nicht der Strudel sondern das Wort Strudel.
Die Strudel haben etwas Ungeordnetes in sich.
Es geht gleichsam durcheinander, im Inneren des Strudels.
Das braucht gar nicht schlampig zu sein.
Eher eine bewusste, gewollte Schlampigkeit.
Nach außen hin hält er einigermaßen die Form.
Drinnen eher wild.
Ein gezähmter Wilder. Dem Ausbruch und dem Zerfall nahe.
Doch eben weder ausgebrochen noch zerfallen.

Da war dann die Begegnung mit dem Apfel, der
sich abgeschält, sein Fleisch frisch leuchtend
dem Strudel gezeigt hat.
Worauf dieser sich verführen ließ.
Soweit das Bildliche der Sache.

Wo der Apfelstrudel steht, finden Auge und Gedärm
die verlorene Einheit.
Alle Zweifel lösen Zunge und Gaumen.

Der Ganzheit halber könnte noch zum Teig etwas erwähnt werden. Dem Ausgeplatteten.

Die Ursache für den Erfolg liegt im Verein von einerseits plattem Hinliegen, Ausdehnen und Ausgezogensein und andererseits dem paradiesisch runden, strotzenden Apfel, der sich in die Falten hineinlegt.

Die Frucht im eingebetteten Umschlungensein.

Diese Vereinigung gibt die rechte Stimmung für den Volkskult im Café Austria.

Der Apfelstrudel sollte warm serviert werden.

T

Tanten

Tanten sind immer dabei.
Sie sind nicht so gebunden
wie wir gewöhnlichen Sterblichen.
Wenn Tanten von sich hören lassen,
hat man gemeinhin wenig Zeit.
Vor Tanten hat man eine unbewusste Angst.
Bis dann der ganze Kaffeeklatsch losbricht.
Unter Tanten.Tanten sind ohne Alter.
Egal ob dünn oder dick. Sie sind oft grösser
als die anderen.
Immer auch anders als die anderen. Auffälliger.
Sie verkörpern mehr die Zutat als die Tat.
Ihrer Klugheit verdankt mancher die erfolgreiche
Lebensbahn.
Tanten greifen unbemerkt ein.
Ziehen an mehreren Fäden gleichzeitig.
Wohin's zieht, wird von den Gezogenen selten gewusst.
Tanten haben großen Überblick und können voraussehen.
Wer mehrere Tanten besitzt kann auf viele grüne Zweige
kommen.

Hier ist von Tante Emma die Rede. Sie hat mir mehrmals
geraten, meine Geliebte aufzugeben und im Studium
umzusatteln. Auch von Geld war die Rede. Ich habe
Tante Emma nie widersprochen.
Das wäre gar nicht möglich gewesen.
Bis sie eines Tages gesagt hat, ich solle ihr die Fenster
putzen. Das muss ausschlaggebend gewesen sein.

Seither haben wir uns nie mehr gesehen.

Tele komm

Jeder Dummkopf weiß es.
Klickt die Knöpfchen, zippt mit und ohne Maus
und weiss, wie man die Bildchen einhamstert und
rumschwipst.
Alles kam und kommt und wird kommen.
Verbraucher brauchen sich nicht zu kümmern,
weil sie eh kommen, von alleine.
Die Bildchen, Recherchen und
die kleinen Liebesbriefe.
Winzige kabellose Anhänger.
Die Anhänglichkeit beispiellos.
Immer da, immer verlässlich bei der Hand.
Auch nachts, wenn alles schläft.
Immer am Unterleib irgendwo versteckt,
bis es kribbelt oder piepst.
Immer Händchen halten. Eine reine Freude.
Himmlisch. Weil's so unirdisch schwebt
und unsichtbar strahlt.
Auch die Dümmsten können mitmachen.
Die runde Null und die gestreckte Eins.
Mehr braucht es nicht.
Das vereint uns alle.
Man kann sich nicht mehr ungesehen
zusammengaddern.
Kommt die Tele so ist's aus mit der Tuschelei.
Abgelauscht, eingespielt und auch schon fein ätherisch
gelagert. Die Nullen und die Einsen.
Die neue Pädagogik ist's. Jeder Null wird mindestens
eine Eins zugesellt. Die Nullen und die Einsen der
Gesellschaft erstmals Seite an Seite.
Der neue Sozialismus verifiziert.
Endgültige Überwindung von Marx. Bewusstsein vor
dem Sein.
Die Primusse gesellen sich zu den Nullen,
sitzen in derselben Bank und lösen alle Kernprobleme.

Das legt den Grund für die neue kommunizierende
Gesellschaft, den neuen Kommunizismus.
Telekomm Links.

Dankeschön fürs Kommen.
Geh nie mehr fort von uns, Tele komm.

Wiegenlied

Tele, tele, komm,
Null, eins, null.
Tele, tele, komm,
Eins, null, eins.
Komm, tele, komm,
Null und eins ist ei-ei-ns.
Komm, tele, komm,
Null und null ist nu-hu-ll.
Lullinulliba-hab.

....Wiederholung bis Kind eingeschlummert...

Tier

Das Tier ist ein Mensch.
Endlich können wir die Wahrheit erkennen.
Bisher war die Frage falsch gestellt.
Ob nämlich der Mensch Tier sei oder nicht.
Ob das Tier oder der Mensch höher stünde.
Das Tier beschäftigt diese Frage nicht.
Es denkt sich nichts aus.

Nun haben Tierkenner die Tiere selbst befragt.
Und siehe da: Alle sagen, dass sie Menschen seien.
Wer hat recht, wer nicht?
Hier die Antwort:
Das Tier verbirgt den Menschen.
Der Mensch offenbart das Tier.

Trübsal

Ihr gegenüber die Heiterkeit.
Trüb und heiter sind der wechselnde Lauf der Dinge.
Wie's so kommt.
Ganz auf die Seele abgestimmt, ihr gleichsam ähnlich.
Dass dann dem einen ein sal zukommt, dem anderen
jedoch ein keit, gibt zu denken.
Denn Heitersal und Trübkeit wäre schlechthin
verdreht. Geben nicht dasselbe her.
Sal geht meistens ins Weite.
Keit ist ein verstärktes eit. Da sieht jeder sofort die
Dominanz des ei.
Hei juchhe oder hei hopp sind fröhliche Silben. Im Ei
verbirgt sich das Neue.
Weder das K noch das H kann dem dasselbige abtun.
Tanzt den Reigen, hüllt sich in Schweigen, spielt die
Geigen…
Überall kommt was raus, früher oder später.
Ganz anders: sal. Da greift Ruhe ein. Waltet der Zustand
ausgedehnt.
Denke man nur ans Salz. Gelagert in breiten Schichten.
Im Psalm hat sal zwei Stützen. Aber weder das P noch
das M können die Langgezogenheit, die ruhevolle
Tendenz, das Einschläfernde, aufheben.
Anzufügen wäre vielleicht noch, dass die Trübsal ja
gänzlich unkörperlich ist.
Sie legt sich um die Brustgegend und kann längere Zeit
wirken, aufs Fühlen.

*Eine so geartete freie Betrachtung wäre kaum
bedeutungsvoll, wäre reine Wortklauberei, ein Spiel mit
Worten, wenn nicht die kleine Düdin an der Arbeit wäre.
Ihr geht es um das Wort im Wort, um die Runen im
Aufbau, und der Worte eigener Urheberrechte.*

Tölpel

Wer hat Angst vor Verblödung?
Wer nicht? Und warum auch nicht.
Der ursprünglich Blöde ist kaum zu retten.
Im Auge des Nichtblöden.
Die Nichtblödheit steht im krassen Gegensatz
zum Blöden.
Gefunden wird da auch gegensätzlich.
Der Blöde findet den Nichtblöden blöde, und
umgekehrt.
Der ist blöd. Die auch. Zwei Sätze, zusammen
genommen: pauschal blöde.

Doch nun zum Tölpel. Der kann nicht einfach ins
Blöde mit eingefasst werden. Da ist Unglück mit im
Spiele.
Töl ist als Silbe schon eindeutig uneben, holprig und
verschoben.
Das T tattert und gattert, tantert und tappt. Öl wirkt im
Ausdruck fließend und hinterlässt meist Klebrigkeit
nach dem Fluss.
Also alles zusammen gibt den Vortakt zum Erlebnis
des Entgleisenden.

Dass Tölp und blöd nur umgedrehtes
Buchstabenfolgeverhältnis miteinander haben,
war bisher unbemerkt.
Abgesehen vom weichen und harten. Ein plöter
Mensch ist ja bislang noch undefiniert.
Ein blödes Tier gibt es nicht. Zu sagen:
Ein blöder Hund, ein blödes Schwein oder du blöder
Wurm, gibt kaum Sinn.
Das Tier ist immer gescheit. Jedes auf seine Weise.
Ein Pferd als Tölpel aufzufassen wäre als schlicht
blöde abzuweisen.

Beim Menschen liegt alles völlig anders.

Da kann mit großer Genauigkeit der Mitmensch
Bezeichnungen erfahren, etwa von seinem
Menschenbruder oder seiner Menschenschwester.
Dies als tieferer Grund angedeutet:
Weil der Absturz ins Gegenseitige dem Menschen
schon vieles gekostet hat.
Unter anderem die Würde. Denn würde der Mensch
wieder würdig, könnte das Ganze mit dem Tölpel ganz
anders aufgefasst werden.
Und sehr, sehr viele Verwechslungen würden in neuem
Licht erscheinen.

U

Uhrzeit

Wie früh ist es?
Es ist nie zu spät. Darum früh besser als spät.
Spät ist ein negativ geladenes Wort.
Ungeeignet für die moderne Psyche.
Ein Volk, das ständig nach dem „wie spät" fragt,
kränkelt auf lange Sicht in der Seele.

Die Umstellung auch hier vonnöten:
„Du bist zu spät gekommen", wird nie mehr ein
Schüler zu hören bekommen. Allenfalls „nicht zu
früh".

Dies wird wesentlich zur Reformation der Schule
beitragen. Die neuen Generationen werden sich immer
als früh oder höchstens nicht zu früh erleben.
Ein positiver Stimmungswechsel wird die Folge sein.

Unternehmen

Unternehmen haben das Ziel sich nicht zu
übernehmen.
Deswegen unter. Der Unternehmer hält sich knapp
drunter.
Zuviel unten jedoch führt zum Untergang.
Das ist das strenge Gesetz.
Vom Nehmen wird meistens wenig gesprochen.
Es wird einfach genommen - wo's geht.
Übernommen wird normalerweise nichts. Da sind zu
viele Bedingungen.

Nehmen muss man direkt und sofort.
Im rechten Augenblick.
Und dieses eben geschieht unter der Oberfläche,
überraschend.
Wenn das Unternommene schief gegangen ist, trennt
sich der Unternehmer von diesem. Dann stehen
Übernahmen ins Haus. Wem es glückt, ein
Unternehmen so zu übernehmen, dass es weder drunter
noch drüber geht, der kann sich freuen.
Geben gibt es kaum noch. Gaben schon gar nicht.
Übergeben ist schon mit Aufgaben verknüpft.
Die Übergaben werden meist als uninteressantes
Phänomen eingestuft.
Untergeben ist dann bereits als Niederlage zu
klassifizieren.

Man sieht, dass unten und oben unser aktives Leben
prägen.
Alle wollen von unten nach oben. Absinken oder
untergehen keiner.
Diese grosse Aufwärtsbewegung ist die eigentliche
Schöpfung des Menschen.
Das grosse Unternehmen.

Urzelle

Aus der Zelle das Leben.
In der Zelle angefangen.
Die Wahl ist relativ frei.
Die Zelle war immer Urgebilde.
Winzig, wenn man von der Elle ausgeht,
dem Unterarmknochen als Maß.
Das vorangestellte Z bringt die neue Dimension.
Ein Grössenabgrund. Auf ihn stürzt das
Heer der Forscher. Aufsturz oder Absturz,
Das ist die Frage.
Es geht um die Stammzelle. Ganze Stämme.

Die Urgebilde werden klargestellt und gereinigt.
Von der Erbsünde. Die Schöpfung war seit langem
beschmutzt. Vermischt und verunreinigt.
Da war die Vertreibung, die Austreibung und
der Absturz ins Menschliche.
Dann die Zeiten der Abtreibung.
Nun ist der Baustein dran.
Ihm wird nahegetreten und uns allen die Wandlung
verkündet.
Die böse Krankheit wird beseitigt.
Ein neuer Schauder.
Na ja, wo wir landen werden?
Die heilige Forschung führt uns zurück
in den Garten. Das Wiedersehen in Eden soll
noch in diesem Jahrtausend vollends durchgeführt
sein.
Dann ist jede Stammzelle überflüssig.
Denn dort findet ein jeder seine Urzelle.
Und damit ist der Zyklus geschlossen,
Der Ring aller Sagen und Mythen gehoben.

V

Verdrängt

Die D-Mark.
Das Volk muss zum Psychologen.
Nicht sofort. Nach Jahren, Jahrzehnten.
Weil sie wieder hochdrängt, die Verdrängte.
Sie meldet sich, aus der Tiefe.
Wenns mit dem Euro schiefgeht.
Wenn das Euroschlamassel kommt.
Die Zinsverschreibungen, bis unter Null.
Wenns panisch zugeht.
Die Ängste drücken.
Umgedreht das eurofische Glück.
Die Massenbescheinigungen haben
einen Fremdling ins Haus gerufen,
ohne näheres Umsehen.
Unüberlegte Massenabfertigung.

Es ist eigentlich doch ziemlich wurscht,
womit die Löcher gestopft werden.
Das Loch gilt es im Auge zu haben.
Ohne Loch ist das Stopfmittel wertlos.
Denn: Barschein ist scheinbar,
Ob Euro oder DM.
Das volle Chaos im Piep- und Klick-Banking
wird die die D-Mark vollends demarkieren
und im Lethe Fluss versinken lassen.

W

Wurst

Vom Würstel ausgehend
scheint es zur Wurst nicht mehr weit.
Die eine ist kleiner, dünner und länger,
die andere eher klumpig, kraftstrotzend,
für Großbeisser.
Wieviel Wurscht tatsächlich auf das
gesamtdeutsche Brot jeden Tag gelegt wird
ist nicht genau bekannt.
Grob geschätzt eine Million Tonnen,

Zu sagen, das sei ja eh wurscht, wäre zu früh gesagt.
Die Wurst ist ein ungemein vertracktes
Durcheinander von meist rötlichen Weichteilen.
Dem Geniesser eben gar nicht wurscht,
welche Wurst auf das Brot kommt.
Ob gestreckt, gerundet oder tellergross -
so nur unter Wurst geführt.
Wurst ausgesprochen spricht sofort große Mägen an.
Reizt.
Wurst wird auch sehr oft geschlungen und rasch
hinuntergewürgt.
Mit der Brotmenge verschluckt gibt es das schnelle
Satt-Gefühl.
Die Zufriedenheit aller Dickbäucher und
Siebenschläfer.
Auf die Wurst stürzt man sich. Es braucht kein
unnötiges Besteck oder Tischdecken oder sonst wie
Stil.
Frei stehend, irgendwo, egal, wurscht. Raus aus dem
Wurschtpapier, dem etwas feinglänzigen, neuerdings
wenig raschelnden, und ran ans Maul, und ab der erste

Happen. Die Augen leicht verdreht vom schnellen Glück, bis zum zweiten, dritten Reisser. Dann kommt der Sauftrieb.
Das kühle Rinnen in den Schlund hinab, durch die Brust rieselnd und sprühend.
Ein herzhafter Rülpser, mit Genugtuung und Lächeln begleitet, dann ist die Situation auf Weiteres gerettet.
Das Gleichgewicht wieder hergestellt - zwischen Körper und Seele (sprich Gier).
Der Rest der Wurstschribbe oder Semmel ist eher unbedeutend, reiner Zeitvertreib.

Das Würstel hingegen, von dem anfangs die Rede war, verlangt da schon mehr Zierlichkeit, Haltung und Stil.
Da wird rumgeschmiert im Senf, Kren oder Tomatenkritsch. Fein von den Vorderzähnen angeknackst, genüsslich mehrmals introvert verschoben und beklackst, beleckt und abgeschmeckt, eh dann nach hinten dem Schlund zum Abgleiten übergeben. Beim Würstelessen kann man Gespräche führen.

Soll nun ja niemand kommen und alle Wurst
so unter einen Topf bringen wollen.
Da herrschen feinste Unterschiede.
Da ist nichts wurscht.

Axt

Die Axt müssen wir unter X anführen.
Jeder sieht, dass der X-Laut dominiert.
Hier können wir von der Redaktion in Absprache
mit unserer geehrten Frau Düdin auch endlich mal
Luft machen für die Idee, Wörter nach ihrem
wesentlichen Laut aufzureihen, und nicht alles, wie
bisher, auf den Wortanfang zu fixieren.
Nehmen wir doch einfach den Unterschied von Axt
und Abt.
Die Axt haut entzwei. Der Abt eint (widerspenstige
Mönche).
Also ist das X dominant in der Axt. Kann jeder
nachvollziehen.
Brot vereint beim Mahl, Blut hält auch den Körper
zusammen.
B ist nun mal ein einender Laut.

Dass Äxte entzweihauen, spalten und scharf sein
können, kommt jedem Holzfäller zugute. Die Schärfe
ist aus dem nachsteinzeitlichen Worte Acke
schrittweise hervorgegangen.
Steinklingen waren dumpfer, und der Hieb hat zwar
zugespitzt, aber kaum zerhauen, was wie gesagt
der Axt eignet.

Den Fuchs könnte man keinesfalls Fux nennen,
weil er zuviel die Hühner anschleicht und nicht
offen zuhaut.
Manchmal helfen solche Beispiele fürs breitere
Verständnis der Wort- und
Lautursachenzusammenhanggesetzmäßigkeiten.

Namen wie Xaver oder Max müssen wieder
ganz anders verstanden werden.
Eines Menschen Name ist ja schliesslich nicht
Schall und Rauch.
Es kommt da ganz darauf an, was ein Mensch
aus seinem Namen macht.
Viele machen sich ja einen Namen. Selbst.
Aus eigenem Anstoß.
Es wird kaum zu finden sein, dass Xaver und Max
sich ihre Freundschaft wegen ihrer X-e zerhauen
lassen.
Im Menschlichen wandeln sich eben die Laute.

Y

Ypsilon

Vorsicht!
Ypsilon ist kein Wort. Nur dem Scheine nach.
Ein bloßer Buchstabe hat sich in die Wortfamilie
eingeschlichen.
Kein anderes Mitglied des Alphabets hat sich so weit
vorgewagt.
Dieses aus der Reihe tanzen war bis vor kurzem von
allen und jedem akzeptiert.
Nun hat sich aber ein Verdacht verdichtet, dass das
Ypsilon überhaupt gar nicht ins Alphabet reingehört.
Ein Eindringling. Der sich nun heimisch fühlt.
Sozusagen ohne Pass.
Von hinten hat sich das Ypsilon eingeschlichen und
das X zurückgedrängt. Dies geschah, vermutlich, zu
einem Zeitpunkt, da der Mensch der letzten
Buchstaben im Alphabet noch nicht mächtig war.
Im Mittelalter hat bekanntlich eine Ypidemie unsere
Sprache fast vernichtet.
Die sonst lustlosen Mönche hatten vermutlich die Lust
am Y-schreiben entdeckt. Sie fanden den gegabelten
und nach oben gespreizten Buchstaben reizvoll.

Näher betrachtet ist auch das Y ein Fremdling.
Der Laut kaum auszusprechen.
Ist auch in den Sprachanfängen gar nirgends
vorgekommen. Immer als Fremder eingelassen.
Hat das Ü übermannt und aus gewissen Positionen
verdrängt. Mehrere Buchstaben fühlen sich seitdem
unwohl.
Die Unruhe ist inzwischen bis zum P hin zu spüren.

Die Gefahr besteht, dass neue Generationen das Schreiben und Lesen gar nicht mehr richtig lernen können.

Auch im Sprechen wird das Stottern Platz greifen. Hier haben wir die Ursache.

Weil nun zu befürchten ist, dass das Ypsilon ganze Wörter wie ein Virus befallen wird, ist nun rasches Handeln vonnöten.

Synde, Kysse, Schyssel oder wynschen, um nur wenige zu nennen, werden vermutlich schon in diesem Jahrhundert so verzerrt aussehen. Dann ist dem kaum noch Einhalt zu bieten.

Mehrzahl- und Steigerungsformen werden überhaupt nicht mehr möglich sein, ohne dass das Y-Virus zuschlägt und ganze Wörter demontiert.

Der aggressive Fremdling muss wahrscheinlich vorübergehend in eine slawische Sprache eingeschleust und später umgekodet werden.

Ein Wust von Konsonanten kann einzig diesen Herrscher isolieren und unschädlich machen. Die kulturelle Osterweiterung ist daher zu beschleunigen. Ob das aber gelyngen wird, daryber kann heute nychts ausgesagt werden.

Z

Zauber

Der ist vorbei.
Endgültig.
Die Erde bebt.
Vom Himmel schießt der Regen.
Und die Stürme toben.
Wüsten auf dem Vormarsch.
Dürre und Hitze nur Ihre Vorboten.

Was ist los?
Wohin ist er verschwunden?
In die Seelen?
In den Schlund?

Folgendes ist zu tun:
Der Nacht ist zuzusehen,
wie sie sich vom Tag übermannen lässt.
Dem Tag ist zuzuschauen,
wie er im Beischlaf der Nacht verfällt.
Und dann?
Ja, diese Beobachtungen dürften
uns genügen, ihn wiederzufinden.
Den Urrhythmus. Den Zauber.

Zieglein

In der Uhr versteckt. Das war die Rettung.
Nicht unterm Bett oder in der Kommode.
Zur Türe hinaus war die Zeit zu knapp.
Raus aus dem Fenster zu auffällig.
Die Idee wars, die rettete, nicht die Uhr.
Die rettende Idee.

Wer hat nicht Ideen! Wie im Misthaufen
die Würmchen und Käferchen durcheinander
krabbeln, so ist's im Gehirn, dem schwabbeligen.
Jedes Hirn schwärmt in der Fülle.
Alles schießt hervor. Zu jeder Zeit.
Aber da ist der Zeitenordner, der die Idee einfängt.
Zur rechten Zeit ordnet er an. Und da hupft das
Zieglein schon hinein.
Es war immer schon mal drinnen, in der Uhr.
Beim Spielen.
Davon schweigt die Mär.
Die Mär sollte es aber schon sagen, so wie's nun
wirklich war.
Das Zieglein war oft im Uhrenkasten und hat die
älteren geneckt.
Noch lange vor dem Wolf.

Der 7 Geißlein jüngstes.

Ä

Ähre

Habe die Ähre kann man schon sagen. Man hält sie in der Hand. Nach einem Spaziergang durchs Getreidefeld.

Wenn Herr von Liechtenstein heute im Café in der Wiener Vorstadt seinem alten Bekannten und Vorgesetzten Bimmelwein aus der Regierungskanzlei Kurz begegnet, könnte man sich vorstellen, dass er, von Liechtenstein, seinem Freund Bimmerl ein *Habediehre* zuruft und als Trostpflaster eine Ähre als Blume verährt.
Sozusagen neue Frucht tragend und aus verjährter Freude.
Jährlich, ehrich gesagt, geschieht das nicht mehr.

Örtchen

Dort kommt von Ort.
Beides ist bestimmt. Das dort wegen
des Ortes und umgekehrt.
Auch der Hort ist örtlich festgelegt.
Auch er wegen des Ortes an dem er hortet.
Fort springt jeder der nicht mehr am Ort
bleiben will.
Deswegen ein f vorneweg.
Wer bohrt, ist auch ortfixiert.
Das h ist nur eingeführt, damit der Nachbar
nicht so gestört wird.
Beruhigt das sonst zu laute Borren. Auf schwedisch
heißt Bohrer: borr. Da sind die Nachbarschaften
toleranter.
Auch wer hortet, meinetwegen Millionen,
hat die Dinge s-ort-iert, sonst würden sich die
unglaublichen Geldmengen ja in Luft auflösen.

Solche Zusammenhänge werden von den allermeisten
nicht gewusst.
Ein Deutscher ist demnach seiner Sprache
sprichwörtlich unkundig.
Bedient sich lediglich der Lautmechanismen und wirft
mit Worten herum ohne dem Wort auf der Spur zu sein.
Alles bleibt spurlos.

Nun zur Verniedlichung. Dem Örtchen.

Kann natürlich wie Häuschen, Stühlchen oder
Püppchen als der Kindeswelt zugehörig
empfunden werden.
Man sieht aber sofort, dass die Variation Häuslein,
Stühllein und Püpplein das Örtchen nicht zulässt.
Örtlein sind unbrauchbar. Wer sucht sich schon ein
Örtlein.

Örtchen dagegen sind still. Sie werden ausersehen.
Jedes mal neu.
Der Mensch hat das natürliche Bedürfnis sich
zurückzuziehen.
Er kann nicht permanent öffentlich sein.
Einsam und in der Stille wird das abgemacht was sich
angestaut hat.
Ein wichtiger meditativer Prozess,
der nur ungestört glückt.
Am stillen Örtchen.

Über

Über den Wipfeln ist Ruh.
Also eigentlich nichts mehr weiter oben.
Dafür wäre ein d notwendig. Drüber.
Übrigens überflüssig weil es schüttet.

Mein eigenes Wort:

Spiegelei: Lösung

Zu verwendende Artikel: der, der, dem, den, des, die.
2 Gesamtlösungen

Erste Lösung

Genitiv Plural	der Spiegeleier
Dativ Singular	dem Spiegelei
Nominativ Plural	die Spiegeleien
Dativ Plural	den Spiegeleiern
Genitiv Singular	des Spiegeleies
Genitiv Singular	der Spiegelei

Zweite Lösung

Nominativ Plural	die Spiegeleier
Genitiv+Dativ Singular	der Spiegelei
Genitiv Plural	der Spiegeleien
Dativ Plural	den Spiegeleiern
Genitiv Singular	des Spiegeleies
Dativ Singular	dem Spiegelei

Zusatzfrage: Der, die, den Spiegeleien.

Hilfreiche Satzbildungen:

Den Duft der Spie**ge**leier spürt man.
Die Spie**ge**leier schmecken gut.
Der Spiegel**ei** haben wir dies zu verdanken.
Das Ausmaß der Spiegel**ei** war groß.
Diese ständigen Spiegel**ei**en.
Siehe Betonung